Du chaos à l'unité

Astrid du Lau d'Allemans

Du chaos à l'unité

Et si notre inconscient collectif façonnait l'état du monde ?¶

Collection ESSAI

ediSens

Graphisme : @ Dépli design studio, Isal Bayle, Aurélie Gasche
Mise en page : SIR

ISBN 978-2-35113-407-8

EDISENS
4 rue des Anglais 75005 Paris
pole-edition@edisens.fr
www.edisens.fr

À Lucrétia et Hadrien

La vie est belle et pleine de sens dans son absurdité,
pour peu que l'on sache y ménager une place pour tout
et la porter toute entière en soi dans son unité ;
alors la vie, d'une manière ou d'une autre,
forme un ensemble parfait.
Etty Hillesum

Du même éditeur

Collection ESSAI

La Risco-résilience – Petite méthode d'anticipation positive des risques majeurs naturels et humains, Frédéric Besset, 2017

3 000 ans après Ulysse – Qu'est devenue la civilisation méditerranéenne ?, Jean Glavany, 2021

Ce qui me permet de dire JE – Petit traité d'ontologie relative, Pascal Bouchard, 2022

L'avocat souverain – Plaidoyer déontologique pour l'avocat en entreprise, Loïc Dusseau, 2023

Et si ce n'était pas le climat ? La biodiversité, le combat pour changer le monde, Frédéric Gruet, 2025

En librairies
Et sur
www.edisens.fr

Sommaire

Prologue 13

Introduction 19

1. Inconscient collectif et unité intérieure,
de quoi parle-t-on ? 27

2. Les fausses croyances qui voilent notre unité intérieure 39

3. Les conséquences de ces fausses croyances
sur le plan collectif 77

4. Illustration à travers l'analyse de quelques pays 103

5. Quelles pourraient être les pistes
pour éviter ces retours de scénarios ? 135

6. Concevoir les relations internationales
comme un tout 163

Conclusion 199

Table des matières 203

Prologue

J'ai écrit ce livre parce que je ne supporte pas de voir le pessimisme et l'impuissance l'emporter face à la situation chaotique que nous connaissons sur le plan international. J'aimerais être une « lanceuse d'espoir ». Nous sommes à la croisée des chemins. Le monde construit après la Seconde Guerre mondiale est en train de s'écrouler. Il était, nous le savons bien, en crise depuis longtemps. En même temps, un nouveau monde semble vouloir émerger. Mais il pourra se construire dans la mesure où nous retrouverons notre puissance au sens psychanalytique du terme, c'est-à-dire notre capacité psychique d'agir, de désirer et d'investir dans le monde, tant sur le plan individuel que collectif. L'un des éléments qui nous freinent dans les changements à mettre en œuvre est l'inconscient collectif. Nous sommes, en effet, porteurs, d'un « inconscient partagé » qui nous influence malgré nous. Depuis des siècles, il nous amène à ce que j'appelle des « répétitions de scénarios » qui bloquent notre capacité individuelle et collective à évoluer. Prendre conscience de ce cercle vicieux permettrait d'en sortir.

Ce livre est le fruit de mon expérience tant personnelle que professionnelle. Suivant un cheminement intérieur guidé par mon métier de psychanalyste et, précédemment, de mes années en géopolitique – ces deux expériences ayant fait ce que je suis –, je propose une approche transversale pour comprendre, sous l'angle de la psychanalyse, la situation mondiale actuelle et comment nous pouvons envisager de la faire évoluer.

Je travaillais dans des organisations internationales, en économie et en géopolitique, quand un évènement clé a fait basculer ma vision de moi-même, de l'autre, de la vie : un cancer. J'ai alors changé de métier à quarante ans. Comme beaucoup d'autres personnes, cette maladie m'a amenée à me remettre en question, à réfléchir au sens de ma vie mais surtout, m'a conduit à faire un travail intérieur par un processus permettant de sortir des attentes de ma famille et de mon entourage pour aller davantage vers moi-même, vers ce que je portais en moi, vers plus d'unité intérieure. J'ai remis en question certaines conventions que j'avais reçues dans mon enfance et le contexte social dans lequel j'évoluais, qui m'empêchaient d'être moi-même. J'ai ainsi débuté un travail sur mon inconscient, familial en tout premier lieu mais aussi collectif par rapport à mon propre pays. En avançant, peu à peu, sur ce chemin, il m'est apparu clairement que les répétitions de scénario que nous vivons sur un plan personnel existent également sur un plan collectif : il s'agit des phénomènes, appartenant à une période historique ancienne, qui se reproduisent même si le contexte dans lequel ils réapparaissent est différent. La montée du populisme, l'élection d'hommes « forts », voire autoritaires, au pouvoir, le retour des extrêmes, le repli des peuples sur eux-mêmes, en sont des exemples. Certains modes de fonctionnement inconscients restent, en effet, chevillés en nous et, ce faisant, nous font revivre indéfiniment les mêmes situations, dans notre vie comme dans les relations internationales. C'est bien ce que nous observons à l'heure actuelle. Nous butons sans cesse sur les mêmes problématiques. Les mêmes causes produisant les mêmes effets, nous tournons en rond. Il est grand temps d'en sortir !

Nous sommes dans un passage, certes troublé et qui semble incontrôlable mais un passage qui a de positif qu'il nous oblige à sortir de notre confort illusoire, à nous mettre en chemin et à inventer – créer – de nouvelles voies.

La fragmentation et la division que l'on observe partout à l'intérieur des États ainsi qu'entre les pays, commencent, en réalité, en chacun de nous, dans nos structures de pensée, influencées par l'inconscient collectif, sans que nous n'en ayons… conscience. Nous oublions les liens qui nous relient et nous mettons, sans cesse, l'accent sur ce qui nous sépare.

Et pourtant, nous avons une vraie puissance sur nous-mêmes, sur nos émotions ; nous avons également une influence sur nos familles, nos entreprises et, de cercle en cercle, sur notre pays et donc, sur le monde. Nous ne pouvons pas directement agir sur les évènements qui se passent à l'autre bout de la Terre, mais en découvrant ce que nous sommes – notre lien à «nous-même» –, en construisant en nous la paix et la sécurité intérieure, cet état d'être rejaillira, autour de nous sur tout et tous.

Par nos choix, nos pensées, notre façon de réagir aux évènements, de tomber ou non dans la peur, de garder la foi en l'avenir, d'avoir prise sur nos perceptions et nos émotions, nous contribuons à façonner l'état du monde, voir, à dessiner un futur souhaitable.

La peur et le sentiment d'insécurité que nous connaissons tous sont un frein et surtout un moyen de manipulation formidable pour des dirigeants peu scrupuleux. Le lien entre notre intérieur et notre extérieur – ce que j'ai en moi inconsciemment et ce qui advient dans ma vie – nous le faisons tous naturellement. Or ce lien est encore plus vrai sur le plan collectif. Regarder le monde comme un Tout de façon systémique, dans lequel chacun des pays participe de l'équilibre de l'ensemble, nous permettrait de prendre en compte les actions à éviter afin de ne pas retomber dans les scénarios répétitifs destructeurs. Assumer le fait que la sécurité de chaque pays dépend de la sécurité de tous les pays, comprendre les processus inconscients qui nous maintiennent dans des scénarios dangereux et inefficaces, permettrait de passer à une autre vision de nous-même et, par là même, du monde.

Nous avons oublié notre puissance et pourtant nous sommes des créateurs de nos vies.

Nous avons oublié que chacun de nous participe de l'équilibre de l'ensemble.

Nous avons oublié qu'entre nous des relations profondes et permanentes existent et que tout ce que nous faisons à titre individuel a une influence sur l'ensemble.

Nous avons oublié ce lien invisible et néanmoins essentiel entre tout ce qui est : l'autre, le vivant, soi-même ; que cette reliance est consubstantielle à nos êtres.

Nous avons oublié que l'invisible est tout aussi présent et important que le visible et que collectivement nos inconscients, et surtout nos intentions qui en résultent, façonnent notre futur.

Retrouver ce lien fondamental au cœur même de nos êtres, naturellement lié avec le Tout, est une étape obligatoire sur le chemin de la création d'un nouvel état du monde.

Le système international actuel, que l'on voit piétiné par des dirigeants autoritaires et sans morale – dont Donald Trump est la parodie – est en train de disparaître. C'est le moment de revenir à ce qui nous anime et nous relie à l'essentiel de ce qui fait le sens de la vie sur cette Terre, pour construire autrement.

C'est ce chemin que je vous propose de faire avec moi, dans ce livre, à partir de mon expérience de thérapeute. Analyser le chaos actuel du monde pour identifier certaines croyances limitantes, individuelles et collectives, et décrire en quoi celles-ci ont un impact sur l'état du monde pour envisager, ensuite, des pistes d'amélioration.

Ce monde peut évoluer et changer. Cela ne dépend d'aucun politique et d'aucun dirigeant de pays quel qu'il soit, encore moins de femmes ou d'hommes soi-disant providentiels, jugés « forts et protecteurs ». Cela dépend de chacun de nous, de nos choix, de notre capacité à évoluer pour trouver en nous ce lien à nous-mêmes et donc aux autres et au Tout. Plus nous serons nombreux sur ce chemin, plus la puissance de paix et de bienveillance générée sera forte et plus son impact sera déterminant.

Ce livre est un appel, un cri avec l'espoir d'être entendu, dans un contexte de forte désunion. Un futur désirable est possible et à portée de chacun de nos cœurs… l'unité est à cette aune.

Introduction

Comment serait le monde si la perception de la séparation disparaissait ? Si chaque personne pouvait ressentir, dans son cœur, un amour tellement immense qu'il comblerait tous les manques, les insatisfactions, la sensation d'abandon, d'exclusion ? Que cet amour soit l'essence même de notre être et de la Création, et nous reliait avec tout ce qui est : le vivant, les autres, la vie. Si tous les peuples étaient reliés comme les différents organes d'un corps et que chacune des actions avait une conséquence sur l'ensemble. Si Tout ne faisait qu'Un et que nous n'en avions pas conscience…

Cette idée semble bien utopique et saugrenue tant l'histoire des civilisations est parsemée de guerres, de conflits, de révolutions, de prises de pouvoir, de volonté de domination… et donc de séparation. Depuis les débuts de l'humanité, cette lutte permanente entre pays ou entre régions du monde a été au cœur des relations internationales, chacun cherchant l'appropriation, l'accumulation de richesses, avec la compétition que cela engendre, mais aussi – et surtout – la lutte, la haine provoquée par la quête de pouvoir. Et l'histoire se répète avec son lot de conflits, d'humiliations, de désir de vengeance, de revanche… les anciens dominés cherchant à écraser ou dominer en retour. La répétition de scénario est incessante.

La vie internationale ressemble, ainsi, à un terrain de jeu aux règles toujours identiques : chacun des acteurs cherche à pousser ses pions, à récupérer des avantages, à exploiter au maximum les faiblesses de l'autre pour piller ses richesses, ses minerais, ses terres rares, ses hydrocarbures, etc. Et ce jeu semble ne jamais devoir finir ; il paraît même s'accélérer. Être fort, gagner des parts de marché, vendre toujours plus, consommer toujours plus et cela sans fin, dans une quête de croissance toujours plus grande, comme si notre survie en dépendait.

Au sein de ce grand jeu bien triste, la logique reste la même à travers les époques : accaparer par peur du manque, prendre pour survivre, dominer pour être plus fort et ne pas subir, devenir riche – et encore plus – parce que ce n'est jamais assez, sortir de l'« impuissance ». Ceci est particulièrement vrai de nos jours ; malgré la surexploitation des ressources, la désastreuse situation de la biodiversité et de la planète en général, rien ne nous amène à changer véritablement d'orientation ou si peu. Pourquoi ? Est-ce que l'unité est définitivement une utopie ou est-elle envisageable ? Et si oui, comment ?

Dans un livre, *Le mage du Kremlin*[1], qui m'a beaucoup marquée, notamment par son analyse remarquable du fonctionnement du pouvoir, une phrase a particulièrement retenu mon attention : « N'importe quelle chose qui bouge, même à la périphérie la plus extrême de notre regard, l'œil la capte et transporte l'information au cerveau. En revanche, tu sais ce que l'on ne voit pas ? [...] Ce qui reste immobile, Vadia. Au milieu de tous les changements, nous ne sommes pas entrainés à distinguer les choses qui restent les mêmes. »

C'est bien de cela dont il s'agit. Nous sommes accaparés par ce qui semble bouger et ne portons pas notre attention sur ce qui est immobile, résultat : rien ne change, surtout pas la façon d'appréhender les sujets. Cette cécité tire son origine de notre ignorance du fonctionnement de l'inconscient collectif qui est, pourtant, à la base de nos actions et réactions. Envisager son existence permettrait de lever ce voile. Ce qui génère les répétitions de scénario vient de la mémoire collective implicite (les traces non conscientes des expériences passées), celle qui est tapie – immobile – dans l'ombre de nos systèmes cérébraux sans que nous en ayons conscience, et qui influence nos façons de penser et d'agir. La regarder en face permettrait de voir plus clairement.

Les évènements n'arrivent jamais par hasard, avait coutume d'expliquer le psychiatre Carl Gustav Jung, ils sont le révélateur de dysfonctionnements inconscients. En prendre conscience permet de s'en libérer

1 Giuliano Da Empoli, *Le mage du Kremlin*, Gallimard, 2022.

pour avancer. Comment comprendre, à tout le moins envisager, avec une autre approche, davantage psychanalytique, les évènements internationaux actuels ? De quoi sont-ils l'expression ? Comme avec un individu qui vient me voir en thérapie et pour qui je vais chercher à découvrir les fils inconscients qui sont à l'origine des situations qu'il traverse, quels pourraient être les enseignements cachés derrière les situations collectives que nous traversons ainsi que les évolutions requises pour y faire face ? Qu'observe-t-on sur le plan international à l'heure actuelle ?

Il me semble que nous sommes entrés dans une transition chaotique qui se caractérise par deux tendances principales : d'une part, un effondrement de plus en plus prononcé du système construit après guerre qui entraine le délitement des démocraties, la crise des institutions internationales et notamment européennes ; d'autre part, le développement des régimes autoritaires[2], l'exacerbation des nationalismes, la montée des populismes. Depuis la généralisation de la guerre en Ukraine en 2022 et avant l'arrivée du président Trump au pouvoir, le monde s'était déjà divisé en deux camps rivaux : un camp principalement constitué de régimes autoritaires, mené par la Chine avec la Russie, la Corée du Nord, la Turquie, l'Iran, qui s'opposait à un Occident jugé arrogant, dominateur et… décadent. Et un autre camp, l'Occident, divisé, doutant de lui-même

2 Sur 137 pays étudiés par la Fondation Bertelsmann, on compte actuellement 63 démocraties contre 74 régimes autocratiques, un net renversement de tendance en l'espace de seulement quatre ans.

– surtout en Europe –, semblant perdre pied, ne sachant plus comment reprendre la situation en main parce qu'il ne sait plus ni qui il est, ni où il va. Donald Trump a donné un coup de pied dans cette fourmilière pour le meilleur ou pour le pire. La loi du plus fort devient la règle, quitte à assister au rapprochement entre blocs autoritaires jugés autrefois ennemis. La démocratie est considérée désormais comme inefficace, voire en déliquescence. L'*hubris*[3] semble se substituer aux principes établis à la fin de la Seconde Guerre mondiale et l'ensemble du système construit à cette époque chancelle. Dans ce contexte, l'Europe n'a plus d'autre choix que de se réveiller et de se transformer.

Les pays du Sud global, quant à eux, tâchent de retirer leur épingle de ce jeu afin de recouvrer davantage d'indépendance vis-à-vis des États-Unis comme de la Chine. Y parviendront-ils ?

Ces blocs principaux continuent de s'affronter sur des terrains tant économiques que politiques avec, à la clé, l'éventualité d'un nouveau conflit mondial, répétition de scénario ultime déjà vécu et de façon effrayante (plus de 60 millions de morts entre 1939 et 1945). Le mobile utilisé par ces différents blocs est toujours le même : la peur, ou, pour certains, le besoin de revanche. Recourir à ces émotions permet de manipuler les populations et les pousser à souhaiter la sécurité à n'importe quel prix, y compris en acceptant un pouvoir contrôlant

3 Notion venant de la Grèce Antique, l'*Hubris* renvoie à des attitudes excessives : passion, orgueil, outrage, crime, transgression ; ce qui s'oppose à la tempérance et la raison.

de plus en plus fort. On l'observe partout avec l'élection (ou le choix) d'un dirigeant «providentiel» qui va nous prendre en charge comme si nous étions des enfants impuissants, et comme si notre sécurité dépendait d'une unique personne. Le leurre que représente cette sécurité illusoire se répète aujourd'hui dans de plus en plus de pays. Sécurité ou liberté? Ce dilemme supposé devient omniprésent.

Tout cela semble bien éloigné de l'idée d'unité. Peut-être est-ce le moment de s'interroger sur ce qui dysfonctionne dans nos façons de nous considérer, de voir la vie, le monde. L'extérieur est le reflet de l'intérieur, a-t-on coutume d'expliquer en thérapie. Ce que nous vivons dans nos vies et sur le plan collectif est révélateur de notre univers inconscient personnel et au-delà, de l'inconscient collectif qui existe en nous. La division que l'on observe partout, à l'intérieur même des pays comme à l'extérieur, n'est que le reflet de ce qui existe en nous-mêmes. La dualité se révèle avec force sur tous les plans: l'abstrait est séparé de la matière, le rationnel du spirituel, le visible de l'invisible, le corps de l'esprit, le féminin du masculin. Cette dualité nous empêche de voir ce qui nous relie et ce qui fait l'essence de l'unité. Elle s'accompagne de jugements et de condamnations avec la définition des «bons et des méchants»[4], de ceux qui ont «raison» et de ceux qui ont «tort». Cette vision binaire amène sans cesse à interpréter, juger, condamner. Allons-nous repartir sur nos traces habituelles parsemées

4 Wolfgang Pauli, extrait de la conférence: «Science and Western Thought» (1948), reprise dans ses *Essays on Physics and Philosophy*.

de haine, de guerre et de vengeance, de victime et de persécuteur, d'intolérance et d'extrême, quelle que soit la forme qu'elles prennent ? Ou allons-nous chercher un autre chemin en nous comme à l'extérieur de nous, les deux étant liés ?

Or, les enjeux sont importants, particulièrement à l'heure actuelle. La crise identitaire que l'on observe dans tant de pays fracture les populations entre ceux qui ont peur et cherchent à revenir à des situations passées, connues, qui semblaient stables et bonnes, et ceux qui ont envie d'aller de l'avant pour relever les défis d'une nouvelle stabilité. Cette crise identitaire révèle également le besoin de transformer nos façons de fonctionner, nos valeurs, pour les adapter à nos nouveaux modes de vie mais aussi à nos nouvelles aspirations. Un monde différent cherche à émerger mais il ne s'établira que dans la mesure où nous acceptons de sortir des chemins battus, des répétitions de scénarios, de certaines croyances bloquantes. Et il s'établira d'autant plus si nous prenons conscience que, comme l'écrivait Wolfgang Pauli, l'un des inventeurs de la physique quantique, « le destin de l'Occident est d'établir, sans relâche, une relation entre ces deux attitudes fondamentales : l'attitude rationnelle critique, qui veut comprendre, et l'attitude irrationnelle, mystique, en quête de l'expérience libératrice de l'unité ». Nous avons beaucoup poussé la rationalité, le cartésianisme, l'esprit critique du siècle des Lumières en mettant totalement de côté, et pour des raisons bien évidentes, l'irrationalité qui fait peur parce qu'elle n'est pas contrôlable. En marginalisant cette partie spirituelle et mystérieuse qui réside en chacun de nous – cette partie universelle – nous sommes sans doute allés trop loin. Et notre impression d'être séparés des autres, du vivant, de la vie n'est que l'expression de l'éloignement que nous avons ainsi construit en nous par rapport à notre universalité.

Parce que nous avons tous les mêmes besoins fondamentaux et certaines aspirations en commun – la paix, l'amour, la joie, l'entraide, le besoin de sécurité et de prospérité, le respect les uns envers les autres – nous pouvons créer une nouvelle façon d'« être au monde ». L'un des leviers pour y parvenir est d'accepter de faire ce travail sur nos croyances, sur cet inconscient collectif qui est en nous et qui agit malgré nous ; une façon d'accepter de considérer que, quelle que soit l'évolution du monde, celle-ci prend racine en chacun de nous.

Prendre conscience de la richesse qui découlera de cette démarche intérieure, du lien qui s'affermira avec la vie, les autres, la nature, les animaux et surtout avec soi-même, permet de donner l'impulsion, l'envie de mettre en œuvre les changements nécessaires, pour que la planète puisse respirer à nouveau… et nous avec elle. Il ne s'agit plus d'imposer ses vues à l'autre, dans des luttes incessantes, mais de renouer des liens puissants avec notre « universalité intérieure », de manière naturelle, pour se mettre en relation avec tout ce qui est. Nous ne pouvons plus imaginer détruire les autres, la biodiversité, la nature parce qu'ils sont une partie de nous-mêmes. Leur faire du mal revient à nous faire du mal. Détruire revient à nous détruire. À l'inverse ce lien permet de discerner la merveille qu'est la vie, la chance de pouvoir sentir, ressentir, voir, toucher, aimer, contempler la beauté, profiter de chaque instant que la vie nous offre, des rencontres qu'elle nous propose, et retrouver notre véritable puissance pour devenir créateur de notre vie.

Imaginez les avancées que cela nous permettrait de faire sur un plan collectif si nous prenions conscience des croyances limitantes qui nous font réagir comme nous le faisons depuis des siècles ! L'unité intérieure, avec tout ce qu'elle implique, nous conduit à être libres, en conscience de notre interaction avec tout ce qui vit. De proche en proche, un cercle vertueux s'enclenche permettant de créer une autre réalité et de sortir des répétitions de scénarios. L'individu étant relié à un entourage – famille, milieu professionnel –, il a un impact sur le collectif et, comme un cercle qui s'élargit, sur son pays et sur le monde. S'amorce ainsi l'évolution de conscience pour soi comme pour les autres puisque tout est relié. Peut-être alors pourra-t-on passer de l'inconscient collectif à la conscience collective, avec tout ce que cela implique ?

D'aucuns trouveront ma démarche ingénue et à contre-courant des évènements et des tensions internationales auxquelles nous sommes confrontés. Elle l'est, de fait. En même temps, si le bruit de bottes militaires que nous entendons résonner n'est pas contrecarré par une espérance, une autre façon d'entrevoir la vie et notre participation à cette vie, alors, nous serons à nouveau prisonniers de la fatalité de l'histoire et de ses répétitions.

La vie nous appelle à sortir de l'illusion de la séparation. Elle nous pousse, au-delà de nos résistances et des problématiques que nous traversons, à reprendre pied, en confiance. Il nous appartient d'expérimenter ce chemin de réconciliation avec nous-mêmes et avec le Tout. L'unité ne se décide pas, elle ne se décrète pas, elle est. C'est ce chemin que je vais tâcher de dessiner avec vous dans ces pages. Peut-être qu'en décrivant certaines fausses croyances inscrites en nous-mêmes, les déséquilibres du monde actuel peuvent s'éclairer sous un autre angle. Peut-être, alors, un cap différent peut émerger pour l'humanité, pour le meilleur...

1. Inconscient collectif et unité intérieure, de quoi parle-t-on ?

Qu'appelle-t-on inconscient collectif? Qu'est-ce que le Soi? De quoi parle-t-on lorsque l'on évoque les fausses croyances? Qu'est-ce que l'unité intérieure, l'expérience de la totalité de son être, conscient et inconscient?

A – Qu'est-ce que l'inconscient collectif ?

Selon le théoricien Carl Gustav Jung, l'inconscient collectif désigne les fonctionnements humains liés à l'imaginaire, communs ou partagés, quels que soient les époques et les lieux, et qui influencent et conditionnent les représentations individuelles et collectives. Il écrivait: «L'inconscient collectif est le dépôt constitué par toute l'expérience ancestrale depuis des millions d'années, l'écho des évènements de la préhistoire et chaque siècle y ajoute une quantité infinitésimale de variation et de différenciation[1].» Une partie est donc constituée de contenus universels, des mythes, des histoires des dieux et des déesses, sorte de mémoire de toute l'histoire spirituelle de l'humanité inscrite dans nos

1 Œuvres complètes de C.G. Jung, volume 8, *The structure and Dynamics of the Psyche.*

structures cérébrales et qui nous met naturellement en lien les uns avec les autres. Se relier à soi-même dans le silence, c'est se relier à cette universalité qui réside en nous, c'est donc, naturellement, se relier aux autres et à la vie. La maxime du Temple de Delphes : « Connais-toi toi-même et tu connaitras l'univers et les dieux » en est l'expression. Elle correspond à ce que Carl Gustav Jung nommait le Soi, l'expérience de l'unité.

Le *Soi* jungien est l'état de pure conscience. Il est à la fois, la source, le moteur et le but du processus d'*individuation* que chaque être humain devrait effectuer au cours de sa vie, un processus qu'il ne faut pas confondre avec celui de l'*individualisation*. L'individualisation permet à l'individu de prendre conscience de sa personnalité en tant que *Moi*. Ce processus est important dans un premier temps afin de construire un *égo* sain, capable de s'adapter aux circonstances de la vie et de s'ancrer dans la réalité du monde extérieur. Néanmoins, si l'individualisation se poursuit indéfiniment et de façon exclusive, elle mène au narcissisme, à l'égoïsme. L'individuation, quant à elle, permet à l'individu de prendre conscience et d'accepter tout ce qu'il découvre en lui, notamment son ombre, la partie cachée de lui-même qu'il n'aime pas. À ce moment seulement, la personne qu'il croyait être devient un véritable individu, complet, ayant fait l'unité du conscient et de l'inconscient.

Dès que le Moi cède la place au Soi, le Paraître perd de l'importance au profit de l'Être, la sensation d'être unifié à l'intérieur s'installe, le sentiment d'être opposé et séparé des autres s'estompe, laissant la place à une profonde conviction d'être relié (individué et relié). *Autrui* n'est plus vu comme un objet qu'il faut contrôler et dont on peut tirer profit, mais comme un sujet que l'on peut rencontrer d'égal à égal. Imaginez ce que cela impliquerait si nous faisions l'effort de suivre ce processus sur un plan collectif !

En plus d'être la mémoire de toute l'histoire spirituelle de l'humanité, l'inconscient collectif est également constitué d'un ensemble de représentations, d'idées et d'images communes à un groupe humain, transmises de génération à génération. Il est donc en lien avec notre famille, notre environnement et le pays dans lequel nous avons été élevé. En fait, il s'agit de l'ensemble des phénomènes psychiques qui échappent à notre conscience : notamment les préjugés, les automatismes, les règles intériorisées qui ont une influence sur nos façons de penser mais sans que nous n'en ayons conscience. L'inconscient collectif ne connait ni l'analyse ni la réflexion : il est spontané et impulsif mais il a une influence importante sur nos perceptions, nos conceptions et nos visions de la vie.

L'inconscient collectif dialogue avec le conscient : il l'influence, le nourrit, le submerge et le renouvelle. Il occupe une place essentielle dans le rapport de l'individu à la réalité et explique notre propension à ne pas voir la réalité telle qu'elle est mais à travers ce prisme acquis que l'on ne maîtrise pas. Il influence nos pensées, nos rêves, notre imagination, nos opinions. Il sous-tend nos valeurs et nos idéaux sans que nous n'en ayons conscience. Au sein de cet inconscient collectif existe, bien entendu, l'inconscient familial mais aussi celui lié à une ethnie ou à un groupe culturel, l'instinct de survie de ce groupe, les mythes anciens touchant à la fondation, à la disparition ou à la renaissance des sociétés humaines. On y trouve le souvenir de civilisations disparues qui peut, par exemple, conduire à la peur de l'effondrement, et le souvenir de drames nationaux. Par exemple, le souvenir de la Shoah fait partie de l'inconscient collectif des populations occidentales et c'est probablement l'une des raisons des divergences actuelles autour du conflit israélo-palestinien. Alors que d'autres massacres ou génocides tiennent leur place dans les mémoires d'autres parties du monde, d'autres pays (Rwanda, Cambodge, Arménie). Ces drames ont une influence et des conséquences dont nous n'avons pas conscience, sur nos façons de penser, de percevoir l'autre et le monde, de réagir face à certaines situations, qu'inconsciemment, nous rapprochons d'évènements passés ayant pu être vécus de manière tragique. Le processus d'unité intérieure permet d'identifier ces fausses croyances pour s'en libérer.

B – L'expérience de l'unité intérieure

L'expérience de l'unité intérieure est un chemin, jamais achevé et toujours en devenir. C'est un ressenti qui prend sa source dans la libération progressive de certaines idées reçues qui nous emprisonnent parce qu'il est plus facile de se les confirmer que de les remettre en question. Ce faisant, sont créées, inconsciemment, les situations correspondantes. Pourtant, les libérer met en exergue une autre réalité. En se reliant à soi-même, à la présence en soi, le lien à l'autre et au vivant devient évident, à partir du cœur.

L'expérience de la présence intérieure

Tout au long de notre vie, nous traversons de nombreux passages, des moments de mort/renaissance à cause d'évènements vécus douloureusement, qui, chaque fois, nous ébranlent, nous remettent en question. Mais – si nous choisissons de les envisager de cette façon – ils peuvent permettre également de grandir en lâchant des éléments de notre passé et de notre ancien mode de fonctionnement. Le moment de la mort constitue l'apogée de ce cycle, c'est pourquoi il prend une grande importance. Se réapproprier, au fil du temps, les éléments de son histoire personnelle, être en paix avec tout ce qui a été quels qu'aient été les évènements, réussir à pardonner aux autres mais aussi et surtout, à soi-même, est un « travail » intérieur qui concourt à renforcer la sérénité et la sécurité intérieures. Régler ce que nous avons à régler, apprendre ce que nous avons à apprendre, réaliser ce que nous avions à réaliser, à notre façon, avec nos limites, fait partie du cycle dans lequel nous nous inscrivons en naissant. Ce chemin doit être emprunté avec confiance et amour de soi, de ce que l'on a construit, des échecs qui ont été les nôtres, pour dépasser les zones d'ombre et le personnage que nous avons composé au fil du temps, pour revenir à ce que nous sommes vraiment avec authenticité et transparence, pour reprendre contact en nous, avec notre conscience et la laisser prendre toute la place. La libération intérieure se fait avec ce temps de préparation, de bilan, de confrontation avec nous-même mais en douceur, en acceptation.

Apprendre à s'aimer, à aimer tout ce qui a été dans notre vie est l'une des étapes principales du lien avec soi-même. Ce processus ne cesse de se développer tout au long de notre parcours, à chaque changement important, à chaque moment et nous conduit naturellement, à nous découvrir et aller de plus en plus vers nous-mêmes. Chaque étape a une raison d'être mais plus on avance dans ce chemin, plus le lien avec soi-même, avec notre Soi se développe, se renforce, s'élargit. On l'effleure au début et peu à peu, il se solidifie jusqu'à s'imposer en nous. Ce processus n'est jamais achevé… C'est une expérience que l'on ne peut pas nommer, indescriptible, qui met en lien avec tout ce qui est et donne conscience d'être partie prenante du Tout. C'est par le lien à soi-même que cela débute, en favorisant l'ouverture, en soi, à sa propre intériorité. Tout part du cœur : « Plus je suis capable de m'aimer et de m'apprécier, avec humilité, en acceptant, chaque fois, là où j'en suis, c'est-à-dire, le plus souvent, pas vraiment là où j'aimerais en être, plus cette connexion se renforce. »

Avec cette unité intérieure, un sentiment de plénitude et de paix s'installe. Les sentiments de solitude, de vide intérieur, d'abandon, d'exclusion, de manque d'amour s'apaisent. La découverte de la paix au fond de soi, la présence à soi-même, donne un sentiment immense de sécurité intérieure. Apparaît, dès lors, notre propre illusion qui nous fait voir le monde et la vie sous un certain jour mais qui n'est pas réel. La conscience que tout est relié et que la solitude n'existe pas s'impose, rien ne manque désormais. Il s'agit d'une expérience intérieure qui n'a rien de magique. Elle est le fruit du travail de libération du passé et de son impact sur le présent, dans nos conceptions et perceptions.

Des rencontres avec des personnes inspirantes peuvent parfois aider dans ce travail. Je l'ai vécu pour la première fois le jour où je suis allée à Pondichéry en Inde, au royaume de Sri Aurobindo, un grand sage. Je venais de passer un peu de temps près du tombeau de ce grand homme et j'avais ressenti une énergie et une émotion intenses. Je sortis du Samadhi merveilleusement bouleversée. Alors que j'étais en train de remettre mes chaussures (en Inde, on enlève ses chaussures avant d'entrer dans un lieu sacré), j'ai senti que quelqu'un me regardait intensément. Je levai la tête et aperçus une personne de l'équipe de l'Ashram de Sri Aurobindo que nous avions visité le matin même, qui me fixait. Cet homme me regardait avec une telle acuité qu'il semblait entrer dans mes yeux jusqu'au plus profond de mon être, me dévisageant avec bienveillance et respect ! Comme s'il voyait la beauté de mon âme… et me la faisait découvrir, moi qui avais tant de mal à m'accepter et à m'aimer. Quelqu'un d'inconnu voyait quelque chose en moi que j'ignorais complètement… et qui était magnifique ! Je lui ai rendu son regard et je suis, à mon tour, entrée dans ses yeux pour reconnaitre son être intérieur. Puis nous nous sommes inclinés l'un vers l'autre et il est parti. Je suis restée seule face à moi-même, dans une intériorité totale. Quelques minutes, que dis-je, quelques secondes seulement s'étaient glissées entre nous, mais d'une telle intensité qu'elles m'ont semblé être un bout d'éternité. Pas une parole échangée, pas un geste, juste une qualité de présence et de reconnaissance l'un de l'autre. J'en suis pourtant sortie transformée. Quel incroyable apprentissage !

Depuis, j'essaye toujours d'entrer dans le regard des êtres. Parfois c'est possible, parfois non, ce n'est pas grave, l'important est de tenter. Voir, dans chaque être, sa partie lumineuse, sa conscience, avant toute autre considération et le faire avec bienveillance, change la relation à l'autre. Dans chaque regard croisé, chaque parole échangée, chaque geste que l'on a vis-à-vis de quelqu'un ou de tout ce qui vit, le regard posé fait la différence. Il peut être indifférent, rapide, froid, sans âme ou au contraire, bienveillant, respectueux, avec l'intention de « voir » l'autre, sa conscience. Le lien avec soi-même est la clé.

Le moine bouddhiste Thich Nhat Hanh, dans son livre *Aimer*, écrivait : « Une fois que vous savez revenir à vous-même, en votre demeure intérieure, vous pouvez ouvrir votre chez-vous à d'autres, parce que vous avez quelque chose à offrir. L'autre personne doit faire de même si elle veut avoir quelque chose à vous offrir. Sinon, elle n'aura rien d'autre à partager que sa solitude, son mal-être et sa souffrance. Cela ne vous aidera pas à guérir, loin de là. Elle doit se guérir elle-même et être bien au chaud en elle pour se sentir mieux, pour être détendue et pour pouvoir partager sa demeure avec vous[2]. »

2 Thich Nhat Hanh, Vivre en pleine conscience : *Aimer*, Belfond, 2016.

Partant de cette présence à soi-même, le lien à l'autre

Nous avons tous fait l'expérience de moments pendant lesquels, nous pensions à quelqu'un et il nous appelle ou nous le croisons dans la rue. De la même façon, l'état d'esprit dans lequel une personne est a un impact sur son environnement. Être joyeux et de bonne humeur, entraîne une relation positive avec les collaborateurs professionnels, et inversement si l'état d'esprit est sombre et négatif.

Le lien entre nous est permanent et s'exprime de bien différentes manières que par la seule parole. L'échange d'énergie et la relation entre les inconscients s'expriment tout aussi fortement. Il est donc essentiel de l'envisager et de le vivre car il « est ». Quand on s'ouvre à l'autre, dans son cœur, on favorise un véritable échange qui n'est fondé non pas sur le besoin de reconnaissance, ou celui d'exister et de montrer sa force mais bien sur ce qui nous relie, l'essence de nos êtres. Une autre relation peut alors s'établir, de cœur à cœur.

Il en va de même dans notre relation au « vivant ». En tant qu'êtres humains, nous en faisons partie.

Le lien au vivant

La façon dont le vivant est envisagé a un impact important. Le regarder comme un objet le *réifie*, dirait-on en psychanalyse, et favorise son exploitation indéfinie et excessive. L'indifférence génère l'indifférence et la fait grandir. La haine engendre la haine et la renforce collectivement. Quand on parle d'avoir la main verte avec les plantes, il s'agit tout simplement de les aimer et de prendre soin d'elles, rien de plus. Et ça marche ! Elles réagissent et grandissent mieux et plus vite.

Ce lien qualitatif à la nature changerait notre rapport à l'environnement, conçu non plus comme une lutte et des normes à respecter, bien que des calculs soient nécessaires et cependant bien difficiles à mettre en œuvre compte tenu de nos modes de fonctionnement. Je crois que le vivant est parfaitement capable de se régénérer si nous changeons notre regard sur lui et que nous apprenons à le respecter, à être attentif à ce que nous mettons en œuvre pour ne pas l'asphyxier et nous avec. Notre propre possibilité de survie en serait renforcée. La Terre ne peut pas être détruite, elle subsistera quoi qu'il arrive. Mais nous, humains, faisons tout ce qu'il faut pour disparaître. En la traitant comme nous le faisons, nous abimons ce qui nous permet de subsister. La surexploitation de ses ressources nous fragilise. Je pense, notamment, à l'exploitation des hydrocarbures, tout un système de prélèvement dans son sous-sol, de ressources qui sont aspirées, indéfiniment, jusqu'à épuisement. Si la Terre est vivante, c'est inenvisageable de les lui soutirer, comme son sang.

Beaucoup des peuples premiers sont porteurs de cette universalité et la mettent en œuvre dans leur façon de vivre. Ils savent que leurs agissements ont un impact sur le Tout. Ils respectent la Terre mère. Ils ont la même attitude vis-à-vis de tout ce qui est. Rien n'est conçu de façon isolée mais bien plutôt de façon systémique, en prenant conscience de l'impact éventuel sur tout ce qui est.

Ce n'est pas un hasard si, à l'heure actuelle, la vision de la vie que portent ces peuples revient en vogue. Elle correspond à un besoin de rééquilibrage indispensable dans nos façons de vivre, un retour à l'essence de notre vie sur cette Terre, à ce qui est juste dans notre relation à nous-même, aux autres et au vivant. Cette vision exprime peut-être également un besoin de rééquilibrage entre le rationnel qui nous est devenu comme une religion, et les aspects plus mystérieux, plus irrationnels, plus imaginaires, plus sacrés de la vie. En nous associant au vivant dans son ensemble, en le respectant et en l'aimant, nous favoriserions sa renaissance… et la nôtre. Modifier notre regard sur le vivant en l'envisageant comme une partie de nous changerait les choses.

L'apprentissage de l'unité intérieure favoriserait notre expérience de la vie, de nous-mêmes, de la relation (des liens, du rapprochement) à l'autre et au vivant. Mais pour prendre ce chemin, nous avons besoin de travailler sur les croyances qui nous bloquent et sont à l'origine de cette distance qui est en nous.

2. *Les fausses croyances qui voilent notre unité intérieure*

Ce qui est le plus surprenant, c'est que la vie nous met sur le chemin de cette archéologie intérieure. Ce que nous expérimentons dans le présent a toujours une source dans le passé. Si nous nous donnons la peine de trouver le sens de ces évènements et de relâcher les croyances qui en sont à l'origine, notre inconscient s'en trouvera allégé, se transformera et nous permettra de vivre autrement la réalité. Se débarrasser du poids de ces mémoires non seulement nous délivre mais est également bénéfique pour les autres puisque nous sommes reliés.

A – « La vie est une bataille. Il faut se battre pour survivre »

Pourquoi apprenons-nous à nous méfier de la vie ? À la sentir comme dangereuse ? Néfaste parfois ? Sombre et difficile, toujours ! Un fardeau, une souffrance… « C'est la vie ! » ai-je entendu si souvent lorsqu'un évènement négatif advenait. Ou bien « Il m'est arrivé beaucoup de bonnes choses ces derniers temps, cela ne peut pas durer. » Comme si « la vie » attendait de nous mettre des embûches rien que pour nous embêter.

Changer de regard sur la vie pour en voir la beauté et s'en émerveiller

Dès le plus jeune âge, l'importance de se battre pour exister nous est inculquée, trouver une place dans un monde ultra-compétitif, considéré comme « mauvais » : « La vie est dure », « tu dois gagner ta vie ». Mais la vie est là, je n'ai pas à la gagner ! Et elle est merveilleuse, changeante, pleine d'imprévus, de rencontres, de beauté. Toute ma réalité est filtrée à travers mes croyances qui dessinent mon univers et ma perception de cette vie. Comme si je mettais des lunettes teintées en pensant que la couleur ainsi produite est celle qui existe réellement autour de moi. Et pourtant c'est un leurre. Se défaire de cette gangue de négativisme et de croyances erronées véhiculées à travers les âges, à travers les générations, est un changement radical dans nos façons de vivre, d'envisager la vie et surtout de commencer à l'aimer. C'est l'un des premiers jalons du chemin vers l'unité intérieure.

Dans les transmissions conscientes et surtout inconscientes reçues, le *Surmoi* religieux – y compris pour les personnes athées – a une influence non négligeable sur nos façons de fonctionner. Certaines visions peuvent être difficiles à lâcher, notamment le rôle de la souffrance. Pendant des siècles, même si aujourd'hui les choses ont beaucoup évolué, l'accent était mis sur la souffrance pour gagner son paradis. Je ne considère absolument pas que les religions soient négatives, je souligne certaines interprétations qui me paraissent délicates et sujettes à caution (compte tenu de mon métier de psychanalyste) que je retrouve dans les difficultés que traversent mes patients. Or, ce faisant, la possibilité de s'enfermer dans cette notion est réelle. La souffrance devient, inconsciemment, comme une seconde nature. Un certain confort existe de s'y complaire même si, bien entendu, il ne s'agit pas d'une situation agréable mais les bénéfices inconscients peuvent être importants.

En thérapie, nous avons coutume de dire que la douleur est une réalité mais que la souffrance est un choix. Des évènements très difficiles provoquent une douleur bien réelle évidemment et elle peut être extrême. Cependant, soit j'ai la possibilité de vivre le reste de mon existence avec cette sensation de peine, soit je choisis de la dépasser, la surmonter, de voir comment je peux grandir avec et, dans ce cas, je m'en libère, avec le temps certes, mais je m'en libère. Le cas échéant, c'est mon égo qui grandit avec le sentiment d'être une victime.

B – « L'homme est un loup pour l'homme »

Cette notion communément répandue de « l'homme est un loup pour l'homme » nous enferme dans une conception négative de nous-mêmes et de l'autre. Bien sûr, il existe du sombre, de la malveillance, des actes odieux, pour autant, nos actes ne nous déterminent pas, nous valons mieux que cela. Et si notre véritable nature était lumineuse ? Comment découvrir notre lumière et notre puissance intérieures si dès le départ, nous nous considérons comme mauvais, impuissant, au lieu d'accueillir et de développer, voire de nous identifier avec notre lumière? Nous sommes des poussières d'étoiles, à ce titre et comme tout ce qui est dans l'univers, nous sommes à la fois constitués de lumière et d'ombre. S'identifier à l'ombre, la partie la moins glorieuse de nos êtres, même si elle existe, rend difficile le chemin de retour vers soi-même.

Cette conception limitante et pessimiste de la nature humaine, culpabilisante, n'aide pas à nous aimer et surtout à avoir confiance les uns dans les autres. La crainte de ce que l'autre peut me faire subir contribue à attirer les situations correspondantes, à confirmer cette croyance. Lorsque je la transforme en moi et que je libère les mémoires du corps correspondantes, je me construis une autre réalité. Ce n'est ni magique ni automatique, cela correspond à mes pensées et à mes ressentis qui sont créateurs de ma vie.

J'avais un patient relativement paranoïaque qui ne considérait l'autre que comme une menace. Il avait, dans son enfance, vécu des situations qui expliquaient largement cette vision. Une peur panique s'emparait quasiment de lui dès qu'il sortait. De fait, il ne rencontrait que des personnes plutôt négatives et agressives. L'extérieur reflétait ce qu'il portait en lui comme croyances. Il a fallu revenir sur son enfance, l'aider à se libérer des souffrances vécues à cette époque et le soutenir pour consolider sa sécurité intérieure tout en identifiant les différentes croyances inconscientes qu'il avait engrammées pour qu'il sorte de ces situations.

Une tendance contrôlante des institutions religieuses continue de transmettre cette interprétation d'une nature humaine sombre au lieu de mettre l'accent sur cette étincelle d'amour universel déposée au fond de chacun de nous et que nous avons à dévoiler, à faire grandir. Or, couper, dès le départ, l'homme de sa lumière intérieure en considérant qu'elle n'existe pas est une façon de couper son accès à sa conscience, à son Soi. Nous partons alors d'une impuissance totale pour chercher la lumière vécue comme loin de nous et surtout extérieure à nous alors qu'elle est en nous. Bien sûr nous ne sommes pas que cela mais nous sommes aussi cela ! On fait grandir ce que l'on regarde, a-t-on coutume de dire en thérapie. Si je me vois et me juge « mauvais », je fais grandir cette partie de mon être. Si je m'identifie peu à peu à ma lumière tout en acceptant et relâchant mon ombre, je fais grandir ma lumière.

Les humains se questionnent de façon incessante sur leur raison d'être sur cette Terre. J'entends sans cesse ces remises en cause dans mon cabinet : « Pourquoi suis-je là ? Quel sens a ma vie ? Que suis-je venu faire ? » Je crois que, si cette question existe en nous, c'est bien parce qu'elle est le reflet de quelque chose de plus grand à l'intérieur de nous qui nous pousse à chercher notre propre réponse. Quelque chose qui tend à exister et à s'exprimer. Cela peut prendre parfois beaucoup de temps avant d'obtenir ces réponses, quelles qu'elles soient. Se mettre en chemin est l'essentiel, parce qu'alors, la vie offre des réponses sur notre route sous forme de rencontres, de coïncidences. Ce vieil adage « Quand l'élève est prêt, le maître apparait» est tellement vrai ! Ce «maître» peut prendre de nombreux visages mais, chaque fois, en écoutant la voix du cœur, chacune de ces personnes nous fera grandir et avancer pour permettre, enfin, d'accéder à notre véritable place. Parce que je crois que, lorsque les choses sont justes, elles se font dans la paix et chacun y gagne, et lorsqu'on prend ce chemin avec humilité, en essayant de s'écouter, ça se met en place. Dès lors, on commence à expérimenter ce pour quoi on est peut-être venu faire sur cette Terre. Cela n'a rien de considérable, il s'agit plutôt de sa «juste place». Chaque expérience vécue nous a amené vers ce nouvel accomplissement ; on réalise alors que tout était utile sur ce chemin et avait un sens. De ce fait on se réconcilie avec tout ce qui a été.

Lorsqu'on se laisse conduire par son Soi, en lâchant le contrôle et en travaillant sur ses croyances, nombre de surprises nous attendent et nous amènent au plus près de ce qui nous permet de nous réaliser spécifiquement dans ce que nous sommes. Nous n'avons pas besoin de nous battre pour y parvenir. Bien au contraire, les choses deviennent simples et les éléments se mettent sur notre chemin pour avancer dans la direction juste. Ce n'est pas magique, mais étant créateur de ma vie, si j'écoute ma voix du cœur qui sait mieux que mon esprit ce qui est bien pour moi, je sors de la survie pour me mettre dans la vie. J'arrête enfin de me «battre» contre tout pour avancer.

C – La sensation de solitude et de vide intérieur

J'entends fréquemment des patientes et patients m'indiquer qu'ils ressentent un grand vide en eux, une solitude, avec les croyances qui peuvent l'étayer : « je ne suis pas suffisamment intéressant(e) », « je ne suis pas digne d'être aimé(e) », « je ne mérite pas d'attention », « je suis seul(e) et personne ne s'intéresse à moi » et ainsi de suite. Ces considérations viennent le plus souvent de notre enfance et de la façon dont on l'a vécue. Ce faisant, ces personnes créent, inconsciemment, la situation correspondante. Elles sont transparentes pour les autres. Une de mes patientes s'était enfermée de telle façon en elle-même que, dans son métier, ses collègues parlaient devant elle, entre eux, sans se soucier le moins du monde de sa présence et de ce qu'elle pouvait ressentir. Elle était comme « inexistante ». Le travail que nous avons fait ensemble a consisté à aller chercher les éléments de son passé qui l'avaient amenée à se sentir insignifiante, afin de pouvoir les transformer. En l'aidant à se libérer de ce passé, elle a commencé à prendre sa place dans son travail. Ses collègues ont changé leur façon d'être avec elle et l'ont incluse désormais dans leurs conversations, et même dans leurs sorties le soir.

On peut être seul et ne pas se sentir seul parce qu'on est habité par cette présence en nous, forte, tranquille et sereine. Le vide intérieur et la solitude sont des leurres… qui ont la vie dure ! Ils expriment la distance que l'on a avec soi-même, son être intérieur, sa sécurité intérieure. Lorsque ce lien en nous est établi, une qualité de présence s'installe en nous. Cela n'empêche pas, bien évidemment – et au contraire –, d'avoir besoin des autres. C'est l'inverse car cela renforce notre lien à l'autre et efface la peur qu'il inspire. Si je suis en sécurité en moi-même, je suis en sécurité avec l'autre. Imaginez notre puissance, individuelle et collective, si nous pouvions retrouver notre capacité à nous sentir en sécurité en nous, dans une présence et une paix intérieure forte ! Parce que je suis bien en moi-même, l'autre n'est plus une béquille sur laquelle je m'appuie pour tenir debout ou sur qui je projette mon mal-être ou mes attentes. L'autre devient alors quelqu'un que je peux aimer et apprécier tel qu'il est, et avec qui ma capacité d'évolution et de partage est totale. Il n'est plus là pour compenser un manque en moi-même. Ce manque prenant sa source dans un égo mal assemblé.

D – « Pour survivre, je dois me battre, être fort, dominer »

Plus notre faille narcissique est forte, plus notre égo sera développé. Une faille narcissique entraîne l'autre facette de la même monnaie, le besoin d'exister, d'être remarquée. Le « Et moi, et moi ?? » est épuisant tant il peut être présent, accompagné d'une difficulté à exister, à s'exprimer, à prendre sa place. Généralement cette faille narcissique cache une insécurité intérieure forte accompagnée d'un besoin de contrôle non moins fort. C'est rassurant de chercher à contrôler ! Cela donne l'impression de maitriser ce qui permet d'être fort et solide. Un leurre complet !

Sortir de l'égo individuel et collectif

Le chemin vers soi propose de relâcher chacune des pierres de ces fondations fragiles posées en soi afin de survivre dans un environnement perçu comme insécurisant. C'est un véritable travail parce que soulever les éléments fondateurs de l'enfance implique de soulever les souffrances qui en sont à l'origine et de libérer les émotions négatives qui les sous-tendent, sans s'identifier à elles. Et utiliser le souffle pour les relâcher ainsi que les croyances qu'elles ont générées. Chaque fois, un voile supplémentaire disparaît et un cadeau est là qui nous attend.

Je me souviens d'une discussion avec cet homme que j'aimais beaucoup et qui était mon ami, Pierre Rabhi. Il m'avait demandé un jour si j'avais un jardin en m'indiquant combien c'était essentiel selon lui. Je lui répondais qu'un tel espace à Paris était chose difficile. Mais il insistait: «Humilité vient d'*humus*, la terre.» Il ajoutait: «Tu peux te donner un mal fou, nettoyer ta terre, planter tes semences, arroser, enlever les mauvaises herbes... Ce n'est pas toi qui fais pousser.» J'avais adoré mes échanges avec lui, tellement justes! Ce n'est pas moi qui fais pousser! Dans tout ce que nous faisons, ce n'est pas grâce à nous que les choses adviennent, c'est «aussi» grâce à nous, ce qui est différent.

J'avais fait une expérience troublante dans le cadre de mon exercice professionnel concernant cette notion d'égo. L'une de mes toutes nouvelles patientes (nous avions eu deux séances ensemble) était entrée dans mon cabinet lors de notre troisième rencontre en m'annonçant qu'elle avait décidé d'arrêter la thérapie parce qu'elle n'aimait ni mes méthodes, ni mes commentaires qu'elle jugeait inadéquats, ni ce que j'étais. Dès la première séance, j'avais senti chez cette femme un égo surdimensionné parce que terriblement blessé. Elle m'avait indiqué qu'elle n'avait pas besoin de faire un travail thérapeutique parce qu'elle avait déjà réglé tous ses problèmes avec d'autres thérapeutes. Elle se sentait obligée de venir me voir parce qu'elle débutait une formation de coaching dans laquelle le travail sur soi était obligatoire. Sur ce, elle avait ajouté qu'elle partait faire un voyage de trois semaines en Inde et qu'elle allait donc augmenter son niveau de conscience, ce qui rendrait caduc tout travail thérapeutique supplémentaire. J'avais été abasourdi par cette façon de voir les choses. L'égo spirituel est sans doute le pire des égos, en tout cas, pas le moindre ! On se crée un univers qui semble magnifique et… souvent faux.

Or, lors de notre seconde séance, j'avais senti combien cette femme restait blessée et n'avait pas dépassé les éléments difficiles de son histoire. J'avais essayé de le lui faire remarquer avec beaucoup de douceur mais elle ne voulait pas l'entendre. Pourtant, elle s'était mise à pleurer à l'évocation de certains moments particulièrement délicats de son passé.

Lors de notre troisième et dernière séance, elle était donc venue m'annoncer qu'elle mettait un terme à nos échanges. Ses mots étaient terriblement jugeants et injustes. Elle m'avait traitée de manipulatrice, ce qui m'avait, bien entendu, fait sortir de mes gonds. Je veux bien tout entendre et je connais mes faiblesses mais pas des jugements faux à mon endroit ! Et alors que j'essayais de lui faire comprendre que la manipulation était vraiment autre chose et que sa vision de mes méthodes était injustifiée, elle insista en me disant que son Soi la poussait à dire aux autres ce qui n'allait pas chez eux et que c'était sa mission de vie. J'essayais, en vain, de lui donner une vision plus saine du Soi, sans succès. Elle n'entendait rien et restait dans sa logique. La colère montait en moi, alors que je sentais cette tentative de prise de pouvoir sur moi ainsi que sa condamnation.

Brusquement, je pris conscience que j'étais en train d'entrer dans ce qu'elle souhaitait : un rapport de forces. Déontologiquement parlant, c'était loin d'être juste. J'ai donc pris le temps de me poser au fond de moi et de revenir à ma paix intérieure en sortant de ma colère tandis qu'elle me parlait. Peu à peu, je fus à même de réagir mais sans excès, sans émotion. Elle poursuivit son discours et la fin de la séance arriva. Avant de me quitter, elle me fixa avec un regard dur. Je soutins son regard et je mis dans le mien ce que je ressentais lorsque j'étais en lien avec moi-même, de la bienveillance et de la sérénité. Nous restâmes les yeux dans les yeux pendant quelques minutes et son attitude changea. D'arrogante, elle était devenue comme une enfant apeurée qui cherche de l'amour et provoque l'inverse pour se confirmer sa croyance qu'elle ne peut pas être aimée. D'où ce besoin de montrer aux autres ce qui, selon elle, n'allait pas chez eux et d'une manière virulente, un moyen très sûr de ne pas se faire aimer ! La nature humaine est parfois bien surprenante dans ses paradoxes et contradictions !

Et plus l'humiliation, le manque d'attention, l'insécurité, la non-acceptation de qui nous sommes vraiment en tant qu'être, est grande, plus la recherche de reconnaissance, de domination, de contrôle, de rapport de forces, de besoin de pouvoir sur l'autre, voire d'affrontement sont forts... la compétition toujours. Car la compétition vient des égos, il faut être celui qui sait, qui est plus fort, plus intelligent, plus cultivé. « Il faut » se faire une place dans la vie et dans le monde pour exister. Je suis frappée d'entendre les conversations habituelles dans lesquelles chacun a besoin de convaincre, de persuader l'autre qu'il « a raison », qu'il sait mieux, qu'il détient la vérité. Quelle vérité ? Existe-t-il vraiment une seule vérité ? Nous sommes divers, avec des cultures différentes, des références distinctes, des modes de fonctionnement singuliers. Comment pourrions-nous considérer que « notre vérité » est la bonne, la seule ?

Nous sommes élevés dans cette façon de fonctionner, l'égo, depuis le plus jeune âge. La nécessité d'être fort, de réussir, d'être meilleur que les autres pour trouver du travail, pour avoir des moyens financiers, et éviter de vivre dans des conditions matérielles qui nous font peur, sont au cœur de nos apprentissages. Le rang social est essentiel pour être reconnu, « avoir pignon sur rue ». Ce fameux masque social colle à la peau.

Le nombre de patients qui m'indiquent que de voir des SDF dans la rue les terrorise parce qu'ils s'imaginent à leur place et pensent qu'ils pourraient être aisément déclassés socialement est incroyable. Tout le monde a peur de dégringoler : perdre son statut social, sa prééminence, son rang, son niveau de vie... l'égo s'insinue partout. Cette vision est entretenue en permanence et donc « il faut » travailler pour gagner de l'argent, être le meilleur, se faire reconnaitre, disposer d'un statut, récupérer de la gloire et de l'argent. Et ce n'est jamais assez, avec souvent la sensation, après tous ces efforts, de ne toujours pas s'être accomplis malgré l'acquisition de tous ces signes extérieurs de réussite, ou avec des *burn-out* à la clé ! Le résultat est que nous créons régulièrement des élites « dures », qui ont mis de côté leur sensibilité pour réussir. Leur maturité intellectuelle est forte mais leur maturité affective, émotionnelle, peut laisser à désirer... ce qui crée des technocrates froids, sans lien avec leurs émotions et leurs ressentis, totalement cérébraux, sans beaucoup d'empathie, et conséquemment des institutions technocratiques froides et loin des peuples.

Si seulement nous pouvions apprendre à travailler sur ces égos depuis notre plus jeune âge, apprendre à nous connaitre et à nous aimer, nous pourrions améliorer la relation à l'autre et aux autres d'une manière conséquente. Prendre conscience de notre puissance intérieure, de notre capacité de créativité mais aussi de nos fragilités qui appellent à la fraternité, permettrait de sortir de cette compétition à outrance qui a tant d'aspects négatifs pour la vie en société. On ne construit pas l'entraide sur la force mais bien sur la reconnaissance des fragilités. J'ai des faiblesses, je les reconnais et j'ai besoin de l'autre pour m'aider et me soutenir. Le cas échéant, et si je compte uniquement sur mes forces, je m'installe dans la compétition, l'affrontement, le besoin de montrer que je suis le plus puissant. Nous l'expérimentons si souvent sur le plan collectif.

Plus je travaille sur ce qui sous-tend mon égo, les souffrances qui en sont à l'origine, les croyances inconscientes accumulées face aux difficultés rencontrées, plus je me rends compte de tous ces voiles qui masquent ma véritable nature. Autant de pierres qui semblent essentielles à la sécurité intérieure mais qui, au contraire, l'empêchent de s'établir de la même façon qu'elles entravent le lien avec soi-même. Sortir par le haut des situations extrêmes dans lesquelles nous sommes entrées sur le plan international requerrait de nous interroger sur cette question de pouvoir, de puissance, d'égo, d'identité collective, voire d'hubris, pour aller au-delà.

Reconnaitre et accueillir notre lumière, apprendre à nous aimer

Paradoxalement – et là n'est pas la moindre de nos contradictions – nous avons souvent peur de notre lumière et nous faisons tout ce qu'il est possible de faire pour l'empêcher de se révéler. Le nombre de patients qui font du sabotage intérieur, inconsciemment et consciemment, par peur de gêner les autres, de prendre trop de place, de trop exister, d'empêcher les autres d'avoir une place… est incroyable.

Accepter sa lumière, la reconnaître pour occuper sa place dans la vie, est fondamental. Le rayonnement que je vais peu à peu développer va avoir des conséquences bénéfiques autour de moi. Mon énergie étant plus lumineuse, ma relation aux autres va changer et s'améliorer. Nous faisons tous cette expérience d'arriver quelque part soit léger et heureux, soit pessimiste et sombre et nous connaissons bien l'impact que cela occasionne autour de nous. Par définition, c'est encore plus vrai lorsqu'on est chef d'entreprise et que l'on gère des équipes. Notre impact sur notre environnement est beaucoup plus fort que ce dont nous avons conscience. En cela, nous avons une puissance immense et sur les personnes et sur les situations.

E – « Pour survivre, je dois être dans le contrôle, donc dans le mental »

L'intelligence, la culture, la réflexion sont amplement mises en exergue dans nos sociétés. En France, tout particulièrement, l'accent est mis, dans nos études, sur la rationalité, l'argumentation, le savoir, l'intelligence, le sens critique, la conceptualisation. Bref, le processus mental. Le corps n'est jamais dans l'équation, il n'existe pas. Seul élément important, la pensée est reine. Ce faisant, on construit de plus en plus d'abstraction et une complexité qui n'est plus maîtrisable et qui fait peur.

Sortir de la toute-puissance du mental pour revenir au corps

Pourtant, nous percevons le monde à travers nos cinq sens et ce sont eux qui nous donnent l'information dont nous avons besoin pour nous maintenir en vie mais aussi pour apprécier la vie. Notre cerveau n'est qu'un réceptacle de l'ensemble des informations ainsi transmises. D'ailleurs, en thérapie, lorsqu'un patient a vécu un traumatisme, nous utilisons la visualisation pour l'aider, en transformant son ressenti, ses sensations intérieures, à construire de nouvelles voies dans le cerveau, vierges de toute expérience négative. En faisant revenir le patient sur cette histoire douloureuse, nous allons l'aider à changer la perception qu'il en a à travers de nouvelles images et situations que nous allons lui proposer d'expérimenter. Le cerveau ne faisant pas la différence entre la fiction et la réalité, si nous aidons le patient à changer sa sensation intérieure, un nouveau chemin s'ouvre alors dans la tête. Et c'est ainsi qu'il peut créer un futur en sortant de la répétition de scénarios négatifs. On utilise, certes, la force de la pensée, mais surtout, la puissance des sensations et perceptions de notre corps. C'est lui qui nous permet de guérir, pas notre esprit. Colette écrivait : « Moi, c'est mon corps qui pense. Il ressent plus finement, plus complètement que mon cerveau. Quand mon corps pense, c'est-à-dire quand je... quand il... alors tout le reste se tait. À ces moments-là, toute ma peau a une âme[1]. »

Nous avons en nous, dans l'infiniment petit de nos êtres, autant de niveau de profondeur qu'il en existe dans le cosmos. Or, nous connaissons davantage le cosmos que l'infiniment petit en nos corps. Les découvertes scientifiques récentes tendent à prouver, cependant,

1 Colette, *Moi, c'est mon corps qui pense*, Payot, 2025.

que le corps est intelligent. D'ailleurs, nous savons désormais que les neurones sont nombreux dans nos intestins, on parle même de notre deuxième cerveau. Lorsqu'on se met dans son corps, qu'on l'habite vraiment, il nous indique, par la résonance, ce qui est à transformer ou à encourager dans nos modes de fonctionnement. Il engramme également les mémoires que nous avons à lâcher afin d'être libres de construire notre futur.

Les techniques sont nombreuses pour travailler sur le corps. Mais chaque fois, pour libérer les fausses croyances, le corps est d'une aide redoutable. Il se manifeste immédiatement par des crispations, des tensions, des maux qui sont autant de signes montrant un « mal-être » à transformer. Il réagit, immédiatement, à ce qui est bon ou mauvais pour nous, de manière naturelle et immédiate. Je vis ce que je pense, je crée ce que j'ai dans la tête avec les émotions qui l'accompagnent, d'où l'intérêt de calmer le mental et de se mettre davantage dans le corps.

Pendant des siècles, le corps a pu être considéré comme dangereux et qu'il fallait le dompter. Quand on habite son corps au lieu d'être dans sa tête, on ouvre un espace de paix. On prend conscience de l'instant et de la beauté de vivre et de pouvoir expérimenter. Notre énergie s'allégeant, on attire des situations et des personnes différentes, plus en lien avec notre être profond et notre nouvelle conception de la vie. On parle souvent d'être ou ne pas être « sur la même longueur d'onde » avec quelqu'un et il s'agit bien de cela effectivement. Nous émettons des ondes, des vibrations qui sont évidemment en lien avec ce que nous sommes et ce que nous pensons. Dès lors que nous acceptons d'évoluer et de lâcher de vieilles croyances limitantes, la qualité de notre énergie et de notre rayonnement change et nos vibrations aussi.

D'ailleurs, notre conception du sexe est en lien avec la perception que nous avons de notre corps. L'apprentissage non seulement de l'identité sexuelle mais surtout de l'identité psychique, humaine et cérébrale d'une personne, avant tout rapprochement physique qui en est la consécration, peut être souvent un peu rapide. Chacun des deux sexes reste enfermé dans des croyances limitantes conscientes et inconscientes à ce sujet. Les jeunes hommes qui viennent me voir dans mon cabinet ont, souvent, la tête emplie de clichés sur ce qu'ils doivent être et faire pour plaire à une femme et, inversement, les jeunes femmes ont les mêmes interprétations et perceptions sujettes à caution concernant les hommes. Je suis surprise de voir qu'à une époque où ce sujet de la sexualité n'est, soi-disant, plus tabou, combien il demeure l'expression, bien souvent, de fausses idées mais aussi, le champ le plus commun de l'expression de fausses croyances, bien anciennes, inscrites dans notre inconscient collectif, sans que nous n'en ayons conscience. C'est l'une des sources d'incompréhension fréquentes que j'observe entre les hommes et les femmes. Chacun des deux sexes se confirme ses croyances négatives sans le savoir et attire, ainsi, les situations correspondantes pour se confirmer ses croyances.

J'avais une jeune et jolie patiente qui se plaignait des hommes qu'elle trouvait indélicats. Elle m'expliquait qu'elle ne pouvait jamais avoir une discussion naturelle avec l'un d'entre eux sans qu'il cherche à la « peloter », selon ses propres termes. Elle avait été élevée depuis qu'elle était enfant dans cette croyance que les hommes se comportaient mal avec les femmes et « ne pensaient qu'à ça », selon ses termes. À partir du moment où nous avons découvert cette croyance erronée en elle, à l'origine de ces situations, et qu'elle a accepté de la transformer, elle est revenue me voir tout sourire un jour en me disant, ravie, qu'elle avait discuté pendant des heures avec un homme et qu'il s'était comporté de façon totalement respectueuse à son endroit. On se confirme ses croyances plutôt que de les infirmer !

Dans tous les cas, nous avons oublié le côté sacré de l'union sexuelle. Non sur un plan moral bien entendu, mais bien plutôt dans l'expérience de l'autre et de l'unité. Avec la sexualité, on passe du « deux » à l'« un » et dans cet « un », on peut aller jusqu'à atteindre une osmose totale avec le cosmos parce qu'on sort de son petit Moi pour s'abandonner à l'autre et que, dans cet abandon, on va au-delà de soi... et parfois, de l'autre.

En rejetant la sexualité et le corps jugé « bas et pas noble » pendant des millénaires, on a fait de la femme l'objet du péché, et du corps soit l'objet d'un culte hédoniste, soit un « suiveur » de notre esprit. On a mis en valeur l'esprit séparé de la chair jugée mauvaise et faible. On a séparé l'homme de la femme, la matière de l'esprit. Le corps est devenu, soit uniquement la source de plaisirs, soit celle du péché, dans tous les cas, une sorte d'objet sans intérêt, sauf quand il tombe malade. Et l'identité féminine, consciemment et inconsciemment, est reliée à cette conception. À l'heure actuelle, dans certains pays, les femmes essayent d'en sortir, mais souvent en force. Conséquence : on passe dans l'extrême inverse, elles doivent se battre pour être au premier rang, les hommes ont tort, le rapport de forces s'inverse… mais subsiste, ainsi que l'opposition entre les sexes.

F – « Pour réussir, les femmes doivent devenir fortes comme les hommes »

Dans beaucoup de familles, les femmes ne sont pas considérées pour ce qu'elles apportent, dans leur spécificité. Elles ne sont là, dans beaucoup de pays encore aujourd'hui malheureusement, que pour « travailler et surtout se taire ». L'emprise de cette éducation sur les femmes fait des désastres parce qu'elle est souvent transmise – inconsciemment – à leurs propres filles. Comment trouver notre vraie place, en tant que femme, dans nos familles, dans la société, dans la vie, après cela ?

Redonner sa place au féminin véritable

L'inconscient collectif est rempli d'éléments qui mènent à la dualité, à force d'avoir mis de côté les forces fondamentales de la vie et de ce qui nous anime. Les siècles de patriarcat ont, notamment, éradiqué le véritable rôle de la femme qui était de faire le pont avec l'invisible puisqu'elle le porte, dans le mystère du don de la vie. Elle-même s'est perdue dans ce mouvement : soit elle s'est soumise, soit elle s'est masculinisée pour exister, soit, encore, elle s'est dématérialisée en tant que femme dans son lien naturel au cosmos, à la vie.

En tant que femme, nous avons un lien naturel avec l'univers. Nos cycles sont liés à l'influence de la Lune, les accouchements sont accélérés au moment de la pleine lune. Ce que l'on appelait « les sorcières » au moment de l'Inquisition, étaient des femmes qui connaissaient les plantes, étaient libres et aidaient les autres en les soignant, grâce à leur connaissance de la nature.

Les femmes ont ainsi un rôle à retrouver à partir de leur intuition, de leur sensibilité et de ce lien naturel, en elle, avec l'Univers et l'invisible. C'est tellement essentiel à l'heure actuelle et d'ailleurs, elles commencent à l'assumer. Quelque chose, là aussi, est à l'œuvre qui pousse à rééquilibrer le masculin et le féminin et à redonner leur vraie place aux femmes dans nos sociétés. Un mouvement qui progresse malheureusement dans si peu de pays à l'échelle du monde !

Retrouver l'équilibre entre le féminin et le masculin est donc essentiel pour sortir du rapport de forces entre ces deux parties en nous, et donc à l'extérieur de nous dans notre relation aux autres mais aussi dans le type de société que nous construisons. Je suis triste, à l'heure actuelle, lorsque j'entends des féministes dures ne pas se rendre compte que, se faisant, elles agissent contre les femmes. Elles réagissent avec le masculin en elles et non en mettant en exergue le féminin que, cependant, elles défendent et appellent de leurs vœux. Cette façon d'agir est bien compréhensible compte tenu de ce que nous avons traversé pendant des millénaires de patriarcat implacable, mais elle est aussi dommageable quand il s'agit de rester dans l'équilibre. Le féminin n'en sort pas renforcé mais bien affaibli, puisque nous nous mettons sur le même mode de fonctionnement que les hommes. Nous sommes tous faits de masculin et de féminin et cette combinaison en chacun de nous est fondamentale pour construire un équilibre dans la relation à l'autre sexe comme dans nos sociétés. C'est aussi l'un des moyens d'équilibrer le fait de donner et de recevoir, de tisser un lien entre le visible et l'invisible, d'unir l'intelligence et la sensibilité, le cartésianisme et l'intuition, le cœur et l'esprit. Nous sortirions peut-être ainsi de nos technocraties froides, du combat et de la compétition pour survivre. Mettre en valeur le lien existant entre tous fera accroître la notion d'intérêt général.

La séparation que crée la dualité est au cœur de l'inconscient collectif. L'inconscient des peuples est rempli d'idées de péché, de punition, de culpabilité, de jugement, de condamnation, et la femme est intimement liée à cela encore aujourd'hui malheureusement, parce qu'elle est associée, dans beaucoup de pays, aux sens, à la tentation, au péché. Parvenir à s'affranchir à la fois de ces modes de fonctionnement mais aussi de leur impact dans nos inconscients serait un chemin pour nous libérer des scénarios de répétition et pour accepter la femme dans sa spécificité et sa beauté : une coupe qui reçoit et transmet parce que la vie passe à travers elle, dans son corps. Encore faut-il qu'elle se reconnecte à ce véritable féminin en elle. Les relations entre les hommes et les femmes sortiraient grandies, je crois, de cette recherche de l'équilibre en soi, de ce que nous appelons l'*Animus* (représentation masculine dans l'inconscient féminin) et l'*Anima* (représentation féminine dans l'inconscient masculin). Passé ce cap, notre humanité accepterait la complémentarité entre les sexes et sortirait peut-être de cet obscurantisme que l'on observe dans certains pays où les hommes ne se rendent pas compte qu'en martyrisant les femmes, ils se martyrisent eux-mêmes et se coupent de leur propre sensibilité et humanité, avec des conséquences dramatiques pour leur propre pays, on le voit, par exemple, en Afghanistan et en Iran. Les femmes ont un rôle essentiel dans le bon fonctionnement de la société, parce qu'elles sont naturellement dans l'essence de la vie et, à ce titre, en sont les sentinelles.

Nos sociétés ont beaucoup à faire pour parvenir à cet équilibre qui sous-tend celui du cœur et de l'esprit, du rationnel et de l'intuition, du matérialisme et du sacré ; un équilibre qui part de chacun de nous, hommes comme femmes.

G – « Nous sommes victimes de la vie et des autres »

Travailler sur soi est jugé égoïste. « Aider » et être au service de son prochain est davantage reconnu, particulièrement s'oublier. Heureusement, cette vision n'est plus aussi répandue à l'heure actuelle, cependant il en reste des traces dans nos inconscients et parfois, dans nos conscients.

Sortir du triangle de Karpman « Sauveur, victime, persécuteur »

Elle est le résultat de la culture judéo-chrétienne qui subsiste en nous, dans nos structures cérébrales, que nous ayons une religion ou non. Je ne la mets pas de côté ni ne la juge, bien entendu, je ne l'envisage que sous un angle psychanalytique. Ce faisant, on oublie un élément essentiel et, en tant que psy, j'y suis particulièrement attentive : je ne peux aider l'autre que dans la mesure où je m'aide moi-même, où j'ai trouvé ma paix intérieure, mon lien avec moi-même. Le cas échéant, je « sauve » l'autre, je sais mieux que lui ce qui est bon pour lui. Je le prends en charge et j'en retire un prestige énorme, beaucoup de reconnaissance de la part des autres. Mais en fait, je nourris mon égo. J'entre alors dans ce que nous appelons en thérapie le triangle de Karpman[2], un triangle dramatique dans lequel nous passons successivement par trois rôles : Sauveur-Persécuteur-Victime.

Je cherche à aider et à sauver quelqu'un, il réagit autrement que ce que je souhaiterais, je me sens dès lors victime de ses réactions, je lui en veux de ne pas reconnaitre tout ce que je fais pour lui et je commence à être en colère contre lui et donc à le persécuter. Dans tous les cas, j'ai la sensation de donner sans cesse et de recevoir très peu.

Ces jeux psychologiques sont courants dans la vie personnelle autant que professionnelle. C'est épuisant

2 Stephen Karpman, médecin et psychiatre à l'université de Californie à San Francisco, a proposé en 1968 cette figure d'analyse transactionnelle (Stephen Karpman M.D., *Drama Triangle*, karpmandramatriangle.com, 1968).

et totalement inutile et inefficace parce que rien ne peut en sortir de positif. On ne rend pas quelqu'un heureux malgré lui, ni malheureux malgré lui. On participe de son bien-être ou de son mal-être, on peut l'accompagner mais jamais le prendre en charge. Notre puissance sur nous-même est immense mais inexistante quand il s'agit de l'autre. L'un de mes professeurs qui était neuroscientifique nous disait toujours: «Tout ce qui est inscrit dans notre cerveau peut se désinscrire. Rien n'est figé.» Penser en revanche que l'on peut sauver l'autre et le transformer est une forme de toute-puissance.

Culturellement, on nous pousse à aider les autres, à sauver son voisin, jamais à regarder en soi, à faire ce travail intérieur difficile et exigeant pour trouver cet amour en nous. Le nombre de fois où, pendant mes séances de thérapie, j'entends mes patients me dire: «Je vais devenir égoïste à force de faire ce travail d'introspection.» Je fais la différence entre individualisme et individualité, comme je l'ai déjà indiqué. Dans ce travail intérieur, le résultat est l'ouverture à soi-même, à son individualité, donc à sa spécificité, mais aussi à sa voix du cœur, pour s'ouvrir aux autres. Il ne s'agit certainement pas de se replier sur soi-même et sur son égoïsme, sinon ce n'est pas un vrai travail. À partir du moment où ce lien est fait en soi-même, ce n'est plus moi – mon petit égo – qui vais, dans sa grande bonté, aider l'autre. Je vais l'accueillir et irradier cette paix qui passe à travers moi et en lui, pour lui permettre de la toucher aussi et de lui rendre, dès lors, sa puissance et sa lumière. Je donne souvent cette image à mes patients qui sont dans le rôle du sauveur : « Imaginez un entraineur qui dirait à son athlète qui a fait un mauvais temps à la course : "je vais te prendre sur mon dos et je vais te porter !". » Quelle serait l'efficacité du processus ?

Si, au contraire, il lui dit : « Je te connais et j'ai une confiance totale en toi et en tes capacités. Tu es un excellent coureur. Tu as fait certes un temps moins bon que d'habitude mais si tu fais attention à telle et telle chose, tu vas voir, tu seras excellent », il est évident que, galvanisé, l'athlète va repartir et risque de faire un temps formidable cette fois.

La confiance ! Faire confiance à l'autre dans sa capacité à aller mieux, à dépasser ses problématiques, à aller de l'avant ! Là est l'essentiel ! Lui rendre sa puissance au lieu de le prendre en charge ! Voyez les implications que cela pourrait avoir sur un plan collectif au lieu de nous maintenir dans un état d'adolescents pris en charge – et de plus en plus – par un État devenu omniprésent et tout-puissant, entraînant notre impuissance et, par voie de conséquence, notre ressentiment permanent parce que, en même temps on se révolte contre cette autorité, tout en considérant qu'elle ne nous donne jamais assez. On lui en veut de ne pas faire plus ! Se faisant, on se perd et on perd ses forces.

Sortir de cette notion de victime dans laquelle nous avons tous tendance à nous enfermer demande du courage. Je suis victime de mes parents, de mon éducation, de l'État, de mon voisin, etc. C'est sans fin et me fait entrer dans un cercle vicieux.

Mon principal travail en thérapie consiste à rendre leur puissance et leur lien avec eux-mêmes à mes patients, à les réconcilier avec eux-mêmes, à les aider à débuter ce chemin vers l'unité intérieure et donc la liberté. J'ai souvent reçu des personnes très déprimées, ayant vécu des histoires personnelles très lourdes et qui peuvent sembler désespérantes. Si je ne suis pas capable, à la fois, d'accueillir leur douleur tout en ne cessant de voir leurs ressources, leur force intérieure mais aussi leur Soi, je vais tomber avec eux au fond du trou. Mais je crois en ces personnes, j'ai totalement confiance en leur capacité de résilience. Je sais fondamentalement que, quels que soient les évènements, ils ont la force intérieure de les dépasser. Ce faisant, même si je ne dis rien, ils le sentent. Je leur lance une bouée alors qu'ils ont le sentiment de se noyer. Ceci étant, mon travail consiste à voir quels sont les fils inconscients qui conduisent à ces situations désespérantes et comment les en libérer. Dès que je donne mon ressenti sur les points de blocages éventuels, je leur permets d'élargir la vision qu'ils ont de leur situation et de voir une issue. Ils sentent la confiance que je leur fais et je leur montre, en même temps, une issue potentielle là où ils ne la voyaient plus. Et au-delà, je tâche de les mettre en lien avec leur lumière intérieure, point de départ d'une prise de conscience ; s'ils y parviennent, ils ne s'en détacheront plus.

Sur le plan collectif, là aussi, il y aurait tant à faire pour mettre l'accent sur la confiance. Elle est devenue quasi inexistante à tous les niveaux de la société : vis-à-vis des politiques, de la justice, des lois... Tout est sujet à caution. L'ensemble de notre système éducatif, en France, serait à revoir en mettant l'accent sur le positif et la spécificité de chaque enfant plutôt que de vouloir les faire entrer dans un système identique pour tous. Privilégier la connaissance de soi et non pas l'acquisition de savoir qui de toute façon se fait aujourd'hui par tant d'autres biais serait, je crois, le premier pas vers une maîtrise de soi. L'un n'empêchant pas l'autre, bien entendu. Ce sont les deux faces d'un même ensemble. Parallèlement, sortir de la notion de victime est fondamental pour être maître de nos vies : si je suis impuissant, je subis la vie.

Dépasser la notion de victime pour se réapproprier nos vies

Le pire chemin est, en effet, celui de se sentir victime. Même si, effectivement, les évènements ont pu être douloureux et injustes, si je reste victime de cet état de fait sans chercher à en donner du sens pour me réapproprier mes expériences, je risque de revivre des situations similaires jusqu'à ce que je comprenne ce qu'elles cachent.

Une patiente était entrée un jour dans mon cabinet, aigrie, frustrée, agressive, presque haineuse. Elle en voulait à la terre entière, à commencer par ses parents. À cause d'eux, sa vie « était nulle », ils l'avaient « bousillé ». Cette femme était au chômage et ne parvenait pas à retrouver un emploi. Au moment où elle était venue me voir, elle était en train de perdre son compagnon de vie ainsi que sa fille qui évitait de plus en plus cette mère peu amène et mal dans sa peau.

J'essayais, pendant les premiers mois, de l'aider à prendre conscience du fait que, tant qu'elle se sentait victime de tous, elle ne se permettait pas d'être maîtresse de sa vie. Elle me répondait, inlassablement: «Vous ne comprenez pas que mes parents ont été lamentables et m'ont pourri la vie, que je n'ai pas de chance dans la vie! J'ai été victime d'un grave accident à l'âge de quinze ans et personne ne s'est vraiment occupé de moi», etc. Les séances se succédaient sans que je parvienne à faire ce retournement, essentiel pour elle, parce qu'elle s'accrochait à son statut de victime, comme nous avons tous tendance à le faire, parce que ça nous donne une raison d'être. Les bénéfices inconscients de ce genre de situation sont énormes et il faut du courage pour accepter de les lâcher!

Une fois, cependant, je parvins à lui faire entendre la part de responsabilité qu'elle pouvait avoir dans les situations invoquées ensemble et ce qu'elle devait en comprendre pour changer son mode de fonctionnement. J'attirais son attention sur ce qu'elle avait reçu des personnes de sa famille qu'elle exécrait, mais aussi sur ce que cette situation, certes difficile, lui avait permis de développer en elle. Je ne me souviens plus de la façon dont j'avais abordé les choses, cette fois-là, mais je me souviens de ma douceur et de l'infinie compréhension que je tâchais de lui montrer. Aucun jugement, seulement la voix de ce qui me paraissait juste, en moi, pour elle. Quelque chose avait changé ce jour-là. Elle fondit en larmes en prenant conscience du mal qu'elle pouvait avoir causé aux personnes qu'elle aimait mais aussi de l'enfermement dans lequel elle s'était elle-même mise inconsciemment, s'empêchant de recevoir de ses proches et de la vie. Le retournement tant attendu s'était enfin mis en place !

À la séance suivante, elle arriva dans une attitude totalement différente, humble, douce, bienveillante. Elle prit immédiatement la parole pour m'expliquer l'ensemble des prises de conscience que notre dernière entrevue avait provoquée en elle. Dès lors, sa vie changea. Elle retrouva rapidement un travail valorisant, son compagnon revint dans sa vie de façon positive et sa fille aussi ! Elle dégageait désormais une belle énergie positive ! Quelle joie de voir ce changement ! Le côté drôle de l'histoire est que, lors de cette séance qui avait suivi sa prise de conscience, elle me demanda d'une façon assez inattendue : « Mais pourquoi n'avons-nous pas fait cette séance plus tôt ? » Elle n'avait pas conscience de la difficulté que j'avais eue pour qu'elle accepte de sortir de ce rôle de victime. Ce n'est en rien un jugement de ma part. Seulement un constat : il est difficile de lâcher ce rôle de victime, et pourtant… c'est tellement libératoire ! Si on comprend la transformation à mettre en œuvre en soi, on s'ouvre la possibilité de vivre autre chose de plus constructif. On vit sa propre évolution.

H – « Pour être en sécurité dans la vie, je dois accumuler de l'argent et des biens matériels »

La peur du manque est inhérente à notre existence. Elle correspond à la survie. La société, l'éducation au sens large du terme, nous apprend que pour être en sécurité, gagner de l'argent est essentiel et c'est, bien entendu, le cas. Cependant, ce besoin n'est jamais assouvi et c'est là le sujet ; la sensation d'insécurité demeure et prend d'autres formes. La raison en est simple : dès lors que le confort augmente, la peur de le perdre apparait. L'accumulation débute ainsi. C'est une logique indéfinie qui a sa propre dynamique : j'accapare par peur du manque, je prends et ce n'est jamais assez, je me bats encore et encore pour avoir une place dans la vie, pour exister et être reconnu… J'acquiers de plus en plus de biens, comme si ce matérialisme allait me permettre de me rassurer et d'être heureux. J'imagine qu'en possédant, je vais trouver le bonheur.

La peur du manque

Je vois souvent ces personnes arriver en thérapie déprimées et déçues parce qu'elles ne sont toujours pas heureuses alors même que leur confort et leur bien-être matériel sont complets. Elles cherchent à l'extérieur ce qui est à l'intérieur d'elles-mêmes, dans leur cœur.

On ne nous apprend jamais cela. L'éducation que l'on reçoit nous met sur des autoroutes. Il faut faire de bonnes études pour avoir un bon travail, une bonne rémunération, une belle maison… Ce système dans lequel nous entrons nous empêche de toucher l'essence de notre être et la magie de l'Univers et de la vie. Au contraire, il ne cesse de nous en détourner, de nous emmener sur des routes toutes tracées par d'autres et dans lesquelles, bien souvent, nous nous perdons au lieu de nous trouver. Les crises de la quarantaine, ou d'autres crises similaires, nous rappellent que quelque chose dysfonctionne parce que nous marchons à côté de nous-mêmes. Notre Soi nous rappelle à l'ordre à travers ces crises, cherchant à nous faire revenir à notre essence, à notre âme et au lien avec elle. Et il risque de nous secouer jusqu'à ce que nous acceptions de changer, de sortir du personnage que nous nous sommes construit pour, peu à peu et avec humilité, appréhender notre ombre, la partie de nous, souvent cachée, que nous n'aimons pas. Et d'acceptation en acceptation, de découvrir notre vraie nature, le lien avec notre essence.

Si nous acceptons d'être sur un chemin intérieur, nous « alchimisons » et acceptons notre ombre, en mettant de plus en plus de bienveillance sur elle et en transformant ce que nous avons à libérer de nos souffrances qui viennent souvent de l'enfance. Nous nous réapproprions peu à peu notre vie en voyant en quoi elle nous a permis d'évoluer et de nous développer. C'est un travail de patience et d'humilité : « J'en suis là où j'en suis et je l'accepte. » Retourner régulièrement en arrière, traverser les mêmes zones jusqu'à avoir véritablement compris, puis faire évoluer en soi ce qui est nécessaire, permet d'atteindre des paliers successifs à partir desquels certaines situations difficiles ne seront plus vécues parce que les enseignements qu'elles contiennent sont assimilés.

Peu à peu, nous cheminons vers une sérénité plus grande, une puissance, une joie profonde, une véritable sécurité intérieure. Nous découvrons notre essence, notre conscience et nous nous mettons davantage à son écoute. Ce lien avec soi-même est tellement essentiel et merveilleux et parfois bien difficile à découvrir. Mais là réside notre liberté intérieure. Lorsque je parviens à connecter la voix de ma conscience, je suis capable de prendre toutes les décisions importantes de ma vie sans avoir peur de me tromper. Je ne dépends plus des autres et de leurs conseils généreux même s'ils me sont également utiles. Je suis en phase avec moi-même ainsi qu'avec ma place réelle et ma raison d'être sur cette planète. C'est tout sauf grandiloquent. Plutôt un sentiment de paix intérieure profonde et d'autonomie, de sécurité profonde. Je sais ce que j'ai à faire. Je suis revenue à moi, dans ma place véritable dans la vie.

Favoriser la gratitude plutôt que le jugement

Le verre est souvent vu à moitié vide plutôt qu'à moitié plein – en France tout particulièrement cette tendance très présente nous limite sur le plan collectif. Les pensées négatives ont cela de terrible qu'elles enferment dans une énergie négative qui s'autogénère ; notre énergie en fait vraiment les frais ; nous nous « auto-conditionnons » pour vivre des évènements négatifs sans le savoir. Et si, de surcroit, nous jugeons, nous obérons encore davantage notre capacité à rayonner et à créer un futur positif.

Dans un changement de perspective, apprendre à regarder la vie quotidienne avec des yeux neufs changerait la donne. Mettre en avant la beauté du monde, la joie d'être en vie, de pouvoir admirer, sentir, écouter ; apprécier l'échange, même limité, avec un passant dans la rue ; admirer un rayon de soleil sur un immeuble ; poser son regard sur les arbres et les jardins autour de nous… En fait, porter un regard admiratif et contemplatif sur les choses simples du quotidien et remercier pour tout ce qui est et tout ce que nous avons change la vie. La gratitude est ce qui nous permet, avec le pardon, de nous alléger, d'augmenter notre énergie. Voir ce que nous avons plutôt que ce qui nous manque, c'est une clé formidable pour devenir plus rayonnant et plus heureux ; les évènements de notre vie se mettent alors à changer. Un cercle vertueux s'enclenche, on sort du « combat pour la vie » pour entrer dans « la vie » et on se met davantage en osmose avec elle. Cela n'a rien de magique. Ce que je mets en œuvre a des conséquences en moi et autour de moi. Je récolte ce que je sème.

Le philosophe Baruch Spinoza ne s'y trompait pas, lui qui évoquait le bonheur non dans des grandes choses – ce que l'on cherche sans cesse – mais dans la prise de conscience de petites choses tout au long de nos journées. Prendre conscience de ces éléments qui nous paraissent insignifiants est la source même du vrai bonheur et permet d'avoir de la gratitude envers tout ce qui est ; c'est la source de la sérénité et de la joie intérieure.

Dépasser nos peurs

Les peurs ! Chacun de nous est pétri de peurs. Celles qui existent réellement à cause des situations que nous vivons ou du contexte général dans lequel nous évoluons, mais aussi d'autres peurs qui existent également venant de l'inconscient collectif. Elles agissent sur nous à notre insu et nous font agir ou réagir de façon impulsive et épidermique. L'une d'elles est la peur de mourir, de ne plus pouvoir survivre. Les difficultés vécues par les générations précédentes ainsi que nos propres problématiques se rajoutent. La peur de l'autre en fait partie. Il peut blesser, contraindre, abimer, détruire, tuer. Dans notre inconscient collectif existe cette forme de paranoïa instinctive qui vient de l'histoire des générations qui nous ont précédées : la peur de la différence qui inquiète parce qu'on ne la comprend pas ou mal ; la peur d'être déclassé, de perdre ce que l'on a, de l'avenir ; la peur des guerres, des horreurs perpétrées dans les générations précédentes. Tout cela nous influence à notre insu. Chaque drame vécu a des conséquences sur nos perceptions et nos émotions, que nous en ayons conscience ou non. Ce rajoute, dans nos structures cérébrales, la peur d'être jugé et condamné, la peur des esprits, des diables et des démons, du jugement dernier, la vision de l'Apocalypse, la superstition, etc.

L'un de mes patients avait, ainsi, fait ce rêve effrayant dévoilant des éléments de cet inconscient collectif. Il était à la campagne avec ses frères dans un immense champ qu'il aimait bien. Brusquement, le ciel se couvrait jusqu'à devenir sombre, la nuit tombait soudainement, une nuit vraiment noire dans laquelle il ne pouvait rien distinguer, il comprenait alors que celle-ci serait inéluctable et indéfinie, qu'il n'y aurait plus de jour. Puis mon patient entendit comme un immense train de marchandises qui déboulait dans ce champ. Il était tellement long qu'il n'en distinguait pas l'extrémité. Ce train s'arrêta à sa hauteur et des hommes armés en sortirent pour le faire monter, lui et sa famille, à l'intérieur. Il prit conscience du nombre de personnes ainsi prises en otages dans ce train d'une longueur interminable ; parqués dans les wagons comme des bestiaux, ils attendaient. À un moment donné, des hommes, toujours armés, vinrent le chercher, lui. Ils l'encadrèrent et le conduisirent au milieu du train. Il vit trois portes. La première, en face de lui, s'ouvrit alors. Des squelettes humains entassés gisaient à l'intérieur, une vision d'horreur pour mon patient. L'autre porte qui donnait sur la gauche resta fermée. La troisième, sur sa droite, fut alors ouverte par les hommes armés, elle donnait sur la voie. Il fut alors poussé hors du train, par ces hommes, dans une nuit complète et indescriptible. Une peur immense s'empara de lui. Tout ce qui lui était connu et familier était dans le train. Sa famille était restée à l'intérieur ; la lumière n'existait, également, que dans le train. Il se retrouva seul, perdu dans les ténèbres absolues en gardant comme repère unique, les rails du train. Au moment où il s'y attendait le moins, il décela la présence d'une sorte d'être difforme qui rampait jusqu'à lui. Il demanda à ce drôle d'homme depuis combien de temps il avait été sorti du train. Ce dernier lui répondit qu'il n'en avait aucune idée dans la mesure où le jour n'existant plus, le temps était sujet à caution. Mon patient, effaré, s'entendit dire : « Il faut qu'on réagisse. » Son rêve s'acheva ainsi.

Beaucoup de peurs et d'éléments enfouis dans l'inconscient collectif ressortent de ce cauchemar : des traces de l'Apocalypse, des éléments de la Shoah, la peur d'être attaqué et emprisonné, pris en otage ; la peur d'être séparé des siens ; la peur de ne pas pouvoir survivre... Toutes ces peurs, et bien d'autres, gisent en nous. Il est très facile de les faire ressortir, émotionnellement parlant, pour nous manipuler. C'est la porte d'entrée qu'utilisent les oiseaux de mauvais augure qui cherchent à avoir du pouvoir sur nous. Parce que, dès lors, le besoin immédiat qui s'exprime en réaction est le besoin de sécurité quel qu'en soit le prix. Parce que la peur est devenue omniprésente, tout étant fait pour l'exacerber et avoir du poids sur notre instinct fondamental (la survie et donc la sensation d'insécurité), la raison, dès lors, n'a plus de prise et les réactions deviennent irrationnelles. Les conséquences sur un plan collectif sont nombreuses, comme le retour du populisme et l'élection de dictateurs en herbe.

Jusqu'à quel point, cette sensation d'insécurité – qui peut avoir un véritable fondement – est-elle exagérée ? En quoi la prise en compte de ces fausses croyances, inscrites dans notre inconscient collectif, nous aiderait à comprendre la situation internationale actuelle ? Peut-elle être utile, non seulement à la compréhension de ce qui sous-tend cette situation mais aussi permettre de sortir des schémas de répétition que nous observons ?

3. Les conséquences de ces fausses croyances sur le plan collectif

Bien qu'un collectif ne soit jamais la somme des individus et que comparer ou faire des correspondances entre individu et peuple soit, par définition, tronqué, rien n'étant homothétique, il n'en demeure pas moins que quelque chose les relie, notamment, l'inconscient collectif.

Les fausses croyances individuelles se retrouvent sur un plan collectif et, inversement, les croyances collectives ont un impact sur les individus, le plus souvent à leur insu. Il n'est donc pas question de faire des parallèles entre individu et peuple mais, plus, d'essayer de comprendre l'influence de certaines croyances sur la situation internationale et les relations entre États. Cette autre approche permet de prendre de la distance par rapport aux évènements afin d'entrevoir ce dont ils sont le révélateur.

Si nous observions le monde sur un plan systémique en envisageant la planète dans son ensemble comme un grand corps ayant ses différents peuples, quels seraient les dysfonctionnements éventuels qui nous permettraient, en les analysant, de mieux en appréhender les causes pour pouvoir les surmonter ? Comme s'il s'agissait des symptômes d'un corps « malade », révélateurs de l'expression collective de croyances à transformer. Quels enseignements pourrait-on en tirer et comment pourrions-nous en sortir, plutôt que de revenir constamment sur des scénarios de répétition bien connus ?

A – Sommes-nous davantage en situation d'insécurité que par le passé ?

La peur est une porte d'entrée privilégiée pour renforcer le sentiment d'insécurité et, par conséquent, chercher la sécurité à n'importe quel prix.

D'où vient le sentiment d'insécurité ?

Dans notre inconscient collectif archaïque, celui qui nous vient de notre expérience humaine depuis la Préhistoire jusqu'à aujourd'hui, un besoin fondamental a toujours existé, celui de se sentir en sécurité. Il est inscrit dans nos structures cérébrales comme dans celui des animaux mais aussi de tout ce qui vit sur notre planète. Il correspond à la survie, à la nécessité de pouvoir se nourrir et se reproduire. C'est un besoin inné qui prend sa source dans le cerveau reptilien. Depuis que l'homme est sur cette terre, l'une de ses obsessions est sa capacité de survie. La sécurité en est l'une des composantes.

Cette obsession se retrouve, bien évidemment, sur le plan collectif. L'histoire des relations entre pays met en exergue ce besoin de sécurité qui prend de nombreuses formes : militaire, alimentaire, énergétique, technologique, politique… avec les dérives qui peuvent en découler ou l'utilisation que certains dirigeants peuvent en faire pour l'assurer : conquêtes, conflits, pillages, ingérence, manipulation, etc.

Le développement économique et la notion de progrès répondaient, dès l'origine, à l'objectif de favoriser cette sécurité : plus le niveau de vie et le confort des populations augmenteraient, plus celle-ci serait assurée. Quels sont les faits et qu'observe-t-on de nos jours ? Est-elle mieux assurée qu'autrefois ? Autre question sous-jacente : comment la violence physique, et donc l'insécurité physique son corollaire, ont-elles évolué dans le temps ?

L'insécurité a-t-elle augmenté dans le monde ?

Tendanciellement, et à travers l'analyse de l'histoire, la violence a constamment diminué mais aujourd'hui elle réapparait fortement.

Selon Steven Pinker, professeur de psychologie cognitiviste à l'université de Harvard, dans son livre *La part d'ange en nous*[1], conflits armés, criminalité, violences intrafamiliales, tous les indices convergent pour montrer que, décennie après décennie, la violence décline dans le monde. Certes, la violence armée est toujours présente mais elle reste très localisée dans certaines zones de la planète. Globalement, les tendances de fond sont

1 Steven Pinker, *La part d'ange en nous – Histoire de la violence et de son déclin*, Les Arènes, 2017.

convergentes. Que l'on mesure en décennies, en siècles ou en millénaires, le constat est indiscutable : nous vivons une époque de paix comme jamais l'humanité n'en a connue. Le nombre d'homicides, dans nos sociétés, ne cessent de baisser, depuis de nombreux siècles. D'autre part, et toujours selon lui, chacun peut constater que les institutions les plus violentes – les sacrifices humains, l'esclavage, la torture dans les procédures judiciaires, la peine de mort – ont été abolies dans de nombreux pays.

Enfin, les guerres entre nations sont devenues plus rares au fil du temps, comme également les guerres civiles. Les organisations qui tiennent les statistiques du nombre de morts, civils ou militaires, au cours des conflits armés[2] constatent un abaissement continu des pertes humaines ; même si, parfois, dans l'histoire, existent des rechutes, des retours en arrière, cela ne contredit pas l'évolution globale. À l'exception notable des deux guerres mondiales les plus meurtrières de l'histoire, la tendance historique à la décroissance des pertes pour cause de guerre a repris, depuis 1945, sa trajectoire d'avant 1914. Et si l'on considère, non le nombre absolu de morts pendant les deux guerres mondiales, mais leur proportion par rapport à la population totale, il apparaît dans l'histoire des périodes plus violentes où les pertes étaient, en proportion, supérieures (durant les invasions mongoles de Gengis Khan ou Tamerlan, ou les guerres de religion en Europe, par exemple). Les guerres et les génocides ont émaillé l'histoire de l'humanité

2 ONU, Handicap international, Comité International de la Croix Rouge, Organisation Mondiale de la Santé, Banque Mondiale.

depuis l'origine mais leur fréquence tend à diminuer ; la violence guerrière a baissé de façon spectaculaire depuis 1945.

Ce qui a profondément changé, c'est la façon dont les opinions publiques réagissent face à la violence. La population estime aujourd'hui, dans beaucoup de pays, que le seul niveau acceptable de violence politique se situe aux alentours de zéro alors qu'on se résignait à des taux très supérieurs dans le passé. Notre système de valeurs évolue. Nous accordons aujourd'hui à la vie humaine – tout au moins dans les pays occidentaux – un prix très supérieur à celui qu'elle avait dans le passé. Cette évolution s'explique aussi par le fait que les morts dans les accidents ou par maladie sont en diminution nous déshabituant à la tragédie. Il n'en reste pas moins que le monde est plus sûr, c'est un phénomène fondamental, cela malgré le nombre de guerres existant à l'heure actuelle dans le monde.

Autre source, selon le magazine d'histoire *Hérodote*, les attentats du 11 septembre, si spectaculaires qu'ils fussent, ont inauguré les deux décennies les plus pacifiques qu'ait connu le monde depuis 1910, voire 1840, avec une baisse significative du nombre de victimes par rapport aux décennies antérieures. Cette baisse tendancielle de la violence s'est confirmée de 2011 à 2021, en dépit de Daech et de la guerre de Syrie[3]. Mais depuis les deux conflits en cours (Ukraine/Russie,

3 *Herodote.net – Le média de l'histoire*, « 2001-2021, un monde moins violent que jamais », André Larané (mis à jour le 2025-08-01).

Israël/Palestine) cette tendance est remise en question ; nous y reviendrons.

La baisse tendancielle de la violence dans le monde depuis le Moyen Âge revient dans l'analyse de Jean-François Dortier, sociologue, fondateur et directeur de la publication du magazine *Sciences Humaines*, intervenant dans une émission de Radio France, en 2019, sur le thème : « La société est-elle plus violente qu'avant ? »[4]. Il différencie les types de violence, en premier la guerre : « À l'échelle de l'histoire, elle connait un déclin évident. La guerre était un régime normal des sociétés jusqu'à la Deuxième Guerre mondiale. Or, quand on mesure depuis la Deuxième Guerre mondiale, le nombre de personnes qui meurent pour fait de guerre dans le monde, il ne cesse de diminuer. » Deuxième type de violence, la criminalité. Celle-ci a diminué également selon cet auteur. « Les homicides en France c'est 800 à 900 personnes qui meurent d'homicide depuis le début des années 2010. Au début des années 1990, c'était deux fois plus, dans les années 1960, c'était quatre fois plus, si on remonte encore dans le passé, au XVIIIe siècle, c'était vingt fois plus. Il y a un déclin manifeste de la violence par homicide. »

Et Jean-François Dortier de conclure : « C'est un paradoxe, nous sommes dans un monde globalement pacifié et on a le sentiment qu'il est à feu et à sang. […] Nous sommes baignés dans un imaginaire de violence […], c'est du pain bénit pour des politiques contestataires

4 France Culture, émission *Les Idées claires*, 10 avril 2019, Nicolas Martin.

de toutes formes, parce qu'utiliser soit la répression policière pour les uns comme moyen de mobilisation ou au contraire, des formes de mobilisation populaire comme étant le signe d'un chaos, c'est un moyen politique de pouvoir indiquer un danger et rien n'est mieux que le danger dans la politique pour proposer une solution nouvelle et une sortie du chaos. » En même temps – et depuis le conflit russo-ukrainien – les indicateurs montrent que nous entrons, à nouveau, dans une période plus violente, tant à l'intérieur des pays qu'entre États. Pourquoi et de quoi pourraient-ils être le révélateur sur un plan systémique et à l'aune du monde ?

Une recrudescence des conflits armés et de leur intensité

Nous sommes, à l'heure actuelle, dans ce que Steven Pinker appelle, « une rechute de l'histoire ». Le retour de la guerre à nos frontières nous fait ressentir plus vivement combien la paix que nous avions connue peut-être fragile. Les horreurs perpétrées dans le conflit russo-ukrainien, si proche de nous, avec les images en boucles et les commentaires incessants des journalistes, nous mettent continuellement en état d'alerte. Se rajoutent à cela les évènements terrifiants qui secouent le Moyen-Orient entre Israël et la Palestine – guerre qui s'est étendue par saccade au Liban et à l'Iran – qui ont occasionné déjà la mort de plus de dizaines de milliers de personnes (plus de 50 000) dont majoritairement des civils[5]. Ce nouveau conflit oppose, de manière violente et triste, deux peuples dont les histoires tragiques ne cessent de s'alourdir au fil du temps.

Selon la BBC[6], le monde devient plus violent depuis 2021 avec huit guerres majeures (Ukraine, Gaza, Burkina Faso, Somalie, Soudan, Yémen, Birmanie, Nigéria et Syrie) en plus d'une dizaine de conflits armés dont sont à l'origine des questions de territoires ou de gouvernements.

Paul B. Stares, directeur du Center for Preventive Action du Council of Foreign Relations, avance : « De nombreux facteurs peuvent expliquer cela, depuis les tensions économiques et sociales croissantes autour des États fragiles jusqu'aux tensions croissantes entre les grandes puissances et même aux premiers effets du changement climatique[7]. » Certaines guerres attirent davantage l'attention et cela parce qu'il existe un risque qu'elles se propagent et attirent d'autres pays, y compris de grandes puissances dotées de forces nucléaires. En tout 23 pays, avec une population combinée de 850 millions de personnes, font actuellement face à un conflit de moyenne ou forte intensité. Il s'agit du doublement du nombre de pays en guerre au cours

5 Voir ONU (United Nations Office for the Coordination of Humanitarian Affairs), UNICEF et autres sources humanitaires, ainsi que les déclarations du ministère de la Santé de Gaza, chiffres toutefois contestés par le gouvernement israélien.

6 « Quelles sont les principales guerres en cours dans le monde, et pourquoi certaines attirent moins l'attention ? », Ricardo Senra, *BBC News Brasil* à Londres, 19 novembre 2023.

7 Voir notamment sur BBC News Afrique, l'article de Ricardo Senra (BBC News Brasil à Londres) : « Quelles sont les principales guerres en cours dans le monde et pourquoi certaines attirent-elles moins l'attention ? »

de la dernière décennie. Le développement de la nouvelle forme de guerre froide entre Occident et anti-Occident (Chine, Russie, Iran, Corée du Nord, Mali...) explique une partie de ces conflits, la guerre entre les blocs s'établissant sur des théâtres extérieurs comme en Afrique ou au Moyen-Orient.

Tout ce qui est perpétré a, bien entendu, des conséquences sur chacun de nous, quelles que soient nos opinions, renforçant le sentiment d'insécurité par la peur suscitée et appuyant sur les mémoires de guerre existant dans l'inconscient collectif. Nous l'avons dit, même si une insécurité réelle existe, la perception que l'on en a, ou que l'on peut en avoir, peut être indépendante de la réalité des faits ; elle peut donc être utilisée pour manipuler les peuples. L'insécurité est une réalité – tout particulièrement dans certains pays ou régions du monde – mais sa perception est subjective et sujette à caution et c'est cette dernière qui peut être instrumentalisée. Le besoin de sécurité devient alors tellement omniprésent que l'on est prêt à tout accepter, y compris la perte de liberté pour se rassurer. Ce dilemme se manifeste individuellement comme collectivement.

De la même façon, plus les peurs collectives augmentent, plus cette manipulation, notamment par la désinformation, est facile et efficace. L'utilisation actuelle, par les dirigeants des différents pays, des mots évoquant la guerre, le conflit, l'armement, la guerre nucléaire, n'est jamais neutre. Elle appuie, dans notre inconscient collectif, sur des émotions, des ressentis, des peurs véhiculées par nos mémoires collectives de conflits, de drames humains, vécus dans nos familles, de façon transgénérationnelle, de violence, même si elle n'est pas toujours réelle pour chacun de nous ici et maintenant. Elles nous font regarder le présent en fonction du passé. Or, ces expressions fleurissent dans les discours. Elles activent, dès lors, des mémoires lourdes et génèrent des réactions de terreur bien légitimes mais irrationnelles et incontrôlées et permettent d'entraîner les peuples dans des directions qui peuvent être contestables. Quelles sont les conséquences du sentiment d'insécurité et est-ce que la perception et la réalité de l'insécurité coïncident toujours à l'intérieur de nos pays comme à l'extérieur?

Le sentiment d'insécurité ne cesse d'augmenter

En 2022, on observait que 6 personnes sur 7 dans le monde souffraient d'un sentiment d'insécurité selon un rapport du PNUD[8] et cela, malgré des années de croissance du développement. D'après cette étude, de nouvelles menaces semblent apparaitre, notamment celles posées par les technologies numériques, les inégalités et la capacité des systèmes de santé à relever de nouveaux défis comme la pandémie du COVID-19. Ce qui veut dire que, contrairement à ce que l'on avait imaginé, les progrès mondiaux en matière de développement humain ne conduisent pas automatiquement à un sentiment de sécurité. Ce dernier est au plus bas dans presque tous les pays, y compris dans les pays les plus riches. Ceux qui bénéficient de certains des niveaux les plus élevés en matière de santé, de richesse

8 Rapport du Programme des Nations Unies pour le développement (PNUD) sur la sécurité humaine, publié le 8 février 2022.

et d'éducation font état d'un niveau d'anxiété supérieur à celui d'il y a dix ans. Cela peut sembler paradoxal mais indique bien que ce sentiment d'insécurité est indépendant du développement économique d'un pays et de sa richesse. La survie se manifeste autrement mais continue d'exister. Il s'agit davantage de la peur de perdre son emploi, d'être déclassé, on le voit aujourd'hui, notamment, avec les difficultés que traversent les classes moyennes de nombreux pays dans le monde. Ce sont également des conditions de travail stressantes et peu respectueuses des modes de fonctionnement spécifiques, la course aux résultats sans cesse supérieurs avec tout ce que cela entraîne comme source de tension et de compétition. Le bien-être économique n'a donc pas eu comme conséquence une suppression de ce sentiment d'insécurité. Malgré le développement de la mondialisation ou à cause d'elle, il s'est encore renforcé alors même que la situation de certaines populations s'est améliorée et qu'un milliard d'individus est sorti de l'extrême pauvreté[9]. La transition chaotique dans laquelle nous sommes entrés la remet au premier plan et, avec elle, la résurgence des mémoires qui déterminent, inconsciemment, nos modes de fonctionnement. L'effondrement annoncé de l'environnement renforce encore cette perception de l'insécurité ainsi que la peur qu'il provoque, notamment chez les jeunes. De plus en plus d'entre eux expliquent qu'ils ne souhaitent pas avoir d'enfants afin de ne pas leur faire vivre cette période particulièrement cataclysmique que l'on nous dessine.

9 Le seuil d'extrême pauvreté correspond au minimum de ressources dont une personne a besoin pour se nourrir, s'habiller et se loger dans un pays donné.

Bien que ces dangers existent, nous réagissons, également, avec cette sensation d'insécurité qui vient de notre inconscient collectif archaïque : la survie. Quelles que soient les situations et leur amélioration éventuelle, cet aspect inhérent à notre nature humaine revient au premier plan ou plutôt, continue d'être au premier plan. Or, cet élément détermine notre vie en société, notre rapport aux autres, notre lien à nous-même et à notre environnement. Il est tout sauf rationnel et il est facile de l'utiliser ou, tout au moins, de le faire réagir.

Sur un plan collectif, c'est un sujet fondamental. En prendre conscience pour ne pas le subir et se laisser manipuler me semble particulièrement essentiel à l'heure actuelle et cela pour plusieurs raisons.

La diminution de la confiance, en soi, en l'autre, en la vie

Dans le rapport du PNUD, quelles qu'en soient les raisons, le sentiment d'insécurité ne cesse d'augmenter dans le monde. Or, dans ce document, les auteurs mettent l'accent sur la forte association existant entre la baisse des niveaux de confiance et le sentiment d'insécurité. Ainsi, les personnes qui perçoivent une forte insécurité humaine ont trois fois moins de chances de trouver les autres dignes de confiance. Les conséquences de nos perceptions sont immenses pour nous-mêmes mais aussi pour les personnes autour de nous. Or, cette question de la confiance est au cœur du fonctionnement des liens entre pays mais aussi de la politique intérieure des États. La perte de confiance dans les dirigeants, les institutions, l'Union européenne, le système démocratique, les autres pays, ne cesse de se renforcer. En politique, la confiance est la valeur cardinale de la démocratie puisqu'il s'agit du seul régime reposant sur le consentement du gouverné. À la différence d'autres régimes politiques, la démocratie a besoin du soutien de celui sur lequel elle s'exerce. Est-ce pour cette raison que les démocraties sont, globalement, en crise dans le monde aujourd'hui et que les populations leur préfèrent, de plus en plus, des régimes autoritaires et contrôlants ?

Plus les médias mettent l'accent sur les guerres, plus les images des conflits tournent en boucle sur nos écrans, plus notre perception de l'insécurité s'accroit, plus la confiance en soi et en l'autre est dégradée par les sentiments négatifs ainsi générés et devient fragile.

Quand on ne croit plus en un destin collectif, l'individualisme devient une norme sociale. La décennie écoulée est celle d'un fragile optimisme individuel et d'un fort pessimisme collectif. Ce pessimisme se retrouve dans la nature des relations à autrui. La confiance est grande au sein des instances familiales et des cercles intimes. Elle est faible à l'égard des plus éloignés de soi et plus cette méfiance se développe, plus l'autre, quel qu'il soit, peut être perçu comme un potentiel ennemi ; a fortiori sur un plan collectif[10]. L'autre devient une menace et cela a des impacts tant à l'intérieur des pays que dans les relations entre États. Dès lors, peut-être que

10 Étude du CERI de 2022 (Baromètre CEVIPOF), titre : « En quoi les Français ont-ils confiance aujourd'hui ? »

la recrudescence de la violence que l'on observe est l'une des expressions de ce manque de confiance en l'autre quel qu'il soit sur un plan individuel comme sur un plan collectif. Plutôt que d'envisager de subir, l'action, même violente, fait partie de notre cerveau reptilien face à un danger réel ou imaginé, comme l'a écrit Henri Laborit[11]. C'est aussi une forme d'exutoire, une façon de montrer un mécontentement que les institutions et les partis politiques n'expriment plus ou insuffisamment parce que la confiance est malmenée. Une voix collective se fait alors jour qui réagit à partir d'un inconscient collectif archaïque, facilement manipulable. Et cela d'autant plus que l'effet d'entrainement de foule se manifeste alors. Gustave Lebon explique que, lorsque des individus sont réunis, ils ne raisonnent plus de la même manière que s'ils étaient seuls. Selon lui, une foule est une entité psychologique particulière dont les facultés de réflexion sont faibles. Elle réagit davantage à l'instinct[12].

L'insécurité, qu'elle soit dès lors réelle ou extrapolée, nous amène à réagir d'une façon inconsciente à partir des peurs et réactions intempestives venant de l'inconscient collectif archaïque et ayant une influence forte sur nos perceptions, opinions, réactions sans que nous n'en ayons conscience.

Autre conséquence de ce sentiment d'insécurité, il engendre un pessimisme collectif qui se retrouve dans le rapport à l'avenir. Ce dernier n'est plus envisagé avec

11 Henri Laborit, *Éloge de la fuite*, Robert Laffont, 1976.

12 Gustave Lebon, *Psychologie des foules*, Paris, Félix Alcan, 1896.

confiance et la capacité à s'y projeter positivement est faible. Dès lors, l'enfermement dans un cercle vicieux pessimiste de repli sur soi et de peur de l'autre renforce la capacité d'affrontement collectif puisque la confiance a disparu, en soi comme en l'autre.

La notion de progrès tel que nous l'avions envisagé est ainsi remise en question, elle est même devenue presque contre-productive. Ce n'est plus l'objectif permettant d'assurer une sécurité et un bonheur collectif même si elle a permis de réelles avancées. Or, la confiance se détériorant, la capacité à se joindre dans une notion de bien commun devient difficile et le seul critère qui devient prépondérant est celui de l'efficacité pour maintenir, en théorie, l'ordre et assurer cette fameuse sécurité dont le fondement est parfois bien opaque. D'où la recherche des hommes providentiels et le succès des partis d'extrême droite qui s'appuient sur ces réactions intempestives pour construire des programmes et des politiques peu réalistes et surtout, dangereuses. Le système démocratique est alors considéré comme inefficace, voire paralysant, et les institutions, tant européennes qu'internationales, perdent le soutien des peuples. Tous les systèmes institutionnels sont alors remis en question.

Or, ce qui est particulièrement troublant, je dois dire, dans le rapport du PNUD sur la perception de l'insécurité dans le monde que j'évoquais précédemment, c'est la conclusion que les auteurs tirent de l'analyse de ces situations. Ils indiquent en effet que, finalement, pour qu'une population se sente en sécurité, il faut que les populations voisines le soient aussi. Le rapport insiste sur la nécessité d'une prise de conscience plus aigüe de la solidarité mondiale fondée sur l'idée de sécurité commune. Une évidence... et pourtant ! Comme les différents organes d'un corps fonctionnent en interaction permanente, les différents pays dans le monde en font de même. Pour que l'ensemble fonctionne, chacune des parties doit être en bonne santé et en sécurité pour participer positivement, au bien-être de l'ensemble. Il en va de même pour les pays dans leurs interactions, mais aussi à l'intérieur même des pays. C'est d'ailleurs, ce qui a favorisé la paix en Europe : l'association, dans la prospérité et l'intérêt général, d'un ensemble de pays qui, jusque-là, avait tendance à se diviser et se faire la guerre. Chacun se sentant en sécurité et ses voisins également, la construction de l'Union européenne a entraîné 70 ans de paix. La guerre entre l'Ukraine et la Russie a changé la donne. La peur de voir cette guerre à nos frontières et d'envisager qu'elle puisse dégénérer et provoquer des conflits supplémentaires, appuie sur le cerveau reptilien et s'accentue avec les prises de position des différents protagonistes. Une logique de guerre entre blocs s'est instaurée, non seulement entre ces deux pays, mais sur le plan international. Une escalade tant verbale que militaire s'est mise en place entre les présidents russe, ukrainien, chinois, européen et américain. Les propos de plus en plus violents, accompagnés de menaces tout aussi croissantes, se développent. Une répétition de scénario peut se remettre en place. Ces évènements nous amènent à prendre conscience des processus mentaux à l'œuvre et à sortir du passé et de sa projection sur le futur, pour retrouver le lien avec la vie, avec le vivant, avec le présent, dans toutes leurs dimensions.

Au-delà de ces fatalités de l'histoire, au-delà de ce qui nous parait être une incohérence, existe en chacun de nous, un lieu de paix et de sérénité. À nous de le retrouver, de le ressentir, de l'expérimenter et de sortir de l'une des croyances les plus répandues qui habite les êtres humains depuis le début de l'humanité et qui consiste à penser que la vie est un combat permanent, que nous sommes sans cesse dans cette fameuse survie. Tant que nous envisageons, collectivement, la vie comme une lutte, ce qui nous vient de notre inconscient collectif archaïque et nous ramène à la vie dans les cavernes, nous ne nous permettons pas de vivre autrement, en construisant ensemble, un futur souhaitable. Au contraire, dans cette façon de penser, seuls les forts s'en sortent. Soit je domine, soit je suis dominé. La lutte pour la vie se fait au détriment de ceux jugés «faibles». Cette vision, bien humaine et bien naturelle, cache notre lumière et notre potentiel d'évolution et de création, de lien avec le Tout, d'unité fondamentale existant entre nous.

Le recours aux «hommes providentiels»

Le recours aux «hommes providentiels» découle de cette croyance. Ils sont élus parce qu'ils sont jugés «forts» dans une situation qui parait chaotique et remplie d'insécurité. Peu importe qu'ils soient corrompus ou autoritaires, voire despotiques. Nous avons pu l'observer, en août 2024, avec la réélection du président Erdogan en Turquie. Les sondages indiquaient que l'opposition était en tête et que les Turcs ne voulaient plus d'un président limitant les libertés individuelles. Pourtant, au second tour, celui-ci a été réélu largement. Pourquoi ? Lorsqu'on interrogeait les gens dans la rue pour comprendre ce qui avait orienté leur choix, leur réponse était la même : « Dans ce monde chaotique, nous avons besoin d'un dirigeant fort. » À l'heure actuelle, nous voyons ces « hommes providentiels » émerger dans beaucoup de régions du monde pour cette même raison – cette perception d'une insécurité existante –, certes, mais une raison également largement manipulée et utilisée, qui fait entrer les individus dans un état d'enfant cherchant un Père à qui il s'en remet ; un besoin de survie et donc de sécurité à n'importe quel prix, y compris par la perte de liberté éventuelle. Le besoin d'être tout-puissant par rapport aux autres pays, de dominer, éventuellement d'en découdre pour montrer sa puissance, en découle. Dès lors, la logique d'affrontement potentiel s'enclenche, la méfiance vis-à-vis des autres États ainsi que le nationalisme exacerbé par les hommes providentiels, la favorisant.

Les évènements n'arrivent jamais par hasard, ils sont l'expression, sur un plan systémique, de dysfonctionnements collectifs. Ils nous obligent à voir les choses autrement afin d'apprendre ce qui ne va pas et doit changer. Envisager les situations sur un plan systémique permettrait de mieux comprendre ce qui est à l'œuvre pour tenter de le dépasser, tout au moins, de le prendre en compte pour ne pas le subir. Sortir du mécanisme automatique de survie pour reprendre notre vie en main, notre liberté et notre capacité à créer collectivement autre chose, demande le courage de revenir à soi pour retrouver son unicité et son universalité, et de ne pas suivre des dirigeants autoritaires parce que jugés efficaces pour remettre de l'ordre... sans pour autant protéger puisqu'au contraire ils exacerbent les tensions et donc le chaos. C'est un chemin de libération pour chacun mais aussi collectivement. La capacité à ne pas se laisser entraîner dans des situations dont la logique conduit, ou peut conduire, à la guerre mais aussi au désordre que l'on pense éviter.

Si nous reprenons les principaux conflits existant à l'heure actuelle dans le monde à cette aune, que remarquons-nous ? Encore une fois, il ne s'agit pas de juger mais d'observer afin de mettre en lumière les fausses croyances à l'origine de ces situations.

B – Conséquences des fausses croyances dans les relations internationales

Quel que soit le pays, la politique de ses dirigeants sera essentiellement tournée vers la satisfaction des besoins de sa population, ce qui est bien naturel : « Pour ne pas manquer et survivre, un pays doit penser à ses intérêts propres avant tout. » Toutefois, ce faisant, il devient parfois difficile de faire la différence entre les intérêts bien compris et l'ingérence, voire l'exploitation d'autres pays à ses fins propres. La frontière est ténue entre ces deux attitudes, l'une naturelle, l'autre excessive et le nombre de pays qui franchissent cette limite a toujours été important à travers l'histoire, cela pour une raison supplémentaire venant également des fausses croyances, à savoir: « Soit je domine, soit je suis dominé. »

Le besoin de domination, le retour des égos collectifs, le nationalisme exacerbé

À travers les siècles, la fausse croyance « Je dois rester au faîte de ma puissance et dominer les autres coûte que coûte » a été au cœur des relations entre pays. Toutes les civilisations ont mis en œuvre ce mode de fonctionnement avec les conséquences que nous connaissons. Le monde n'est plus dès lors qu'un terrain de compétition acharnée où chacun des pays cherche à être plus fort que son voisin afin d'assurer sa domination et sa puissance, voire sa toute-puissance, et d'écraser les autres. L'hubris règne en maître.

L'égo collectif, c'est-à-dire ce besoin d'être une grande nation, puissante, reconnue dans le monde, tire sa source du fonctionnement des égos individuels que j'ai évoqué dans le chapitre 2. Parce que nous valorisons la domination, les conquêtes, la supériorité, nous développons et cherchons des dirigeants qui vont incarner ces valeurs. La façon dont on nous apprend l'histoire est caractéristique de cette tendance. On admire et on met en avant les personnalités qui ont « fait l'histoire », c'est-à-dire celles qui ont fait la guerre pour agrandir leur territoire, leur pouvoir, leur soif de domination. L'évocation de dirigeants qui ont su maintenir la paix et la prospérité de leur peuple est plus rare. En mettant comme modèle des guerriers avec des égos forts, voire démesurés, ce mode de fonctionnement est perpétué avec ses conséquences désastreuses en termes de conflits et de guerres.

Sans cesse, la course vers la gloire, le fait d'être un pays qui a un impact sur le monde, qui est une grande puissance mondiale, qui impose aux autres son mode de fonctionnement, se répète et se retrouve à travers l'histoire. Les peuples, comme les individus, ont du mal à accepter leurs faiblesses, à prendre conscience que leur pays n'est peut-être plus le plus fort, qu'il a peut-être perdu de sa superbe, que sa place dans le monde n'est plus aussi grandiose qu'à un certain moment de son histoire. Comme si cette faiblesse amènerait à perdre confiance dans le pays et dans la capacité à exister collectivement. La perception de l'identité collective en sort abimée et peut avoir pour conséquence le repli des peuples sur eux-mêmes, un comportement que l'on observe partout aujourd'hui. Il s'ensuit un besoin de se retrouver, de se valoriser, de montrer sa spécificité. Mais l'identité est, elle-même, un leurre. Elle s'apparente à un besoin d'appartenance qui résulte de l'égo, mais qui est dépassé aujourd'hui. L'identité n'est qu'une partie de nous-même, mais une partie qui vient de notre éducation, de notre environnement, de l'endroit où nous sommes nés, etc. Bref, d'un ensemble d'éléments culturels spécifiques et de croyances qui correspondent à une partie acquise, extérieure à ce que nous sommes vraiment. L'égo s'accroche généralement à cette partie-là, et c'est elle qui met en avant nos différences, indispensables cependant pour nous définir. C'est au cœur même de ce dispositif que résident les fausses croyances qui nous font nous juger et donc juger et condamner les autres.

Or, plus la recherche d'une place importante, l'affirmation de la force sur le plan international, le besoin de domination sont forts, plus l'égo – voire l'hubris – est cultivé. Dès lors, l'arrogance, la capacité à être persuadé d'avoir raison quoi qu'il arrive, de ne pas chercher à comprendre l'autre peuple dans son mode de fonctionnement et en tenant compte de son histoire, se développe. Ce qui entraîne la tendance à décider pour lui, à savoir mieux que lui. L'ingérence suit cette logique, avec les conséquences que nous connaissons.

La tentation de restaurer les « empires », la toute-puissance

Lorsqu'une situation semble inquiétante, un individu va, inconsciemment, se replier sur lui-même et chercher à revenir dans son passé en s'accrochant à une période dans laquelle il se sentait en possession de ses moyens, fort, sûr de lui. Il en va des individus comme des peuples. La peur suscitée par l'évolution rapide des technologies, le déclassement que beaucoup connaissent, la sensation de perdre la maîtrise de leur destin – notamment avec la mondialisation débridée –, entraînent le besoin des peuples à se replier sur eux-mêmes ainsi que de retourner à leur identité pour se rassurer. Les dirigeants de nombreux pays incarnent aujourd'hui cette tendance. Pour restaurer la fierté de leurs peuples et renforcer leur identité collective, ils vont s'appuyer sur les mémoires, les évènements glorieux des histoires collectives pour sécuriser leurs populations et redorer le blason de leur pays. Ils mettent l'accent sur les périodes historiques fastes en construisant un récit national, notamment autour de leurs anciens Empires, moments pendant lesquels leur pays disposait d'un pouvoir reconnu sur le plan international. Ils mettent en avant leur envie de revenir aux frontières qui étaient les leurs avant que leurs voisins ne viennent les contraindre à renoncer à certains territoires. Mais ne nous y trompons pas, il s'agit, bien souvent, d'une interprétation ou d'une utilisation des évènements.

Sur le plan collectif, le mental devient omniprésent

« Pour survivre, je dois contrôler. » Cette façon de fonctionner, essentiellement à partir des esprits, a été à l'origine de la complexité croissante du monde qui devient quasiment ingérable. La toute-puissance du mental fait que tout est structuré et organisé à partir de là. La course en avant que cela génère avec des technologies de plus en plus nombreuses et dont l'impact est difficile à apprécier, des législations qui se succèdent et s'empilent, dans les pays mais aussi sur le plan européen et international, ne cessent de réduire l'humanité a une grande machine au centre duquel l'homme semble avoir perdu sa place. Le monde est devenu technique et froid, implacable, et l'humanisme semble bien en peine… La conséquence à la fois de cette toute-puissance du mental mais aussi de la croyance que seule la domination permet de survivre, la recherche d'hommes providentiels incarnant cette force mais aussi proposant le contrôle pour maîtriser des situations qui semblent échapper totalement tant elles deviennent complexes, devient la solution pour nombre de populations dans le monde. Plus l'inquiétude se développe face à la sensation de ne pas maîtriser le destin, plus la sensation d'insécurité augmente, plus les peuples ont le sentiment que la seule issue possible devient la recherche de la sécurité à travers l'élection d'hommes forts qui vont contrôler les situations.

Nous sommes victimes, de la vie, des autres

Le triangle de Karpman s'installe à l'intérieur comme à l'extérieur des pays : la sensation d'être victime se retrouve sur le plan collectif, à tort ou à raison. Lorsque ce sentiment est subi sans prise de conscience de ce que cela implique, l'impuissance en est la conséquence. À l'intérieur même des pays, les populations peuvent avoir la sensation d'être victime, notamment, de leurs États. En France, par exemple, les citoyens se sentent victimes d'un État providentiel qui ne cesse de se développer, mais en même temps, et paradoxalement, ils l'appellent de leurs vœux. Ce mode de fonctionnement se retrouve au sein de l'Europe où les différents peuples des États membres se sentent victimes des directives et prises de position des institutions européennes. À l'inverse, ces institutions – et les dirigeants des pays membres qui la contrôlent – se mettent dans la position de Sauveur, comme si elles étaient plus à même de savoir ce qui est bon pour l'ensemble des populations des États de l'Union. C'est ainsi que s'active le triangle de Karpman.

Cherchant un Sauveur, les populations ont le sentiment de devenir leurs victimes. Et c'est ainsi que les soi-disant hommes providentiels se présentent en Sauveurs, se servent du mécanisme pour, ensuite, contrôler leurs populations et diminuer ainsi leur liberté.

Amasser pour être en sécurité

L'ensemble des pays vit selon ce principe qu'il faut accumuler afin de survivre. Certains, plus que d'autres bien entendu, mais c'est une logique à l'œuvre dans le monde qui crée les immenses disparités que nous connaissons. Le mécanisme est simple : la compétition qu'entraîne la volonté d'accumulation est implacable puisqu'il s'agit du « toujours plus » qui génère la domination et la toute-puissance ainsi que l'exploitation indéfinie de toutes les ressources possibles et imaginables, quitte à les épuiser et à provoquer des réactions fortes des pays estimant être pillés par cette course à la richesse.

Le manque de féminin et ses conséquences

Le monde fonctionne davantage sur les critères du masculin – la force, la puissance, la domination – que sur ceux du féminin – sensibilité, écoute, intuition. Il ne s'agit pas des hommes et des femmes mais du féminin et du masculin en chacun de nous comme je l'ai évoqué dans le chapitre 2. Le monde devient ainsi dur, toujours plus compétitif et seul le rapport de force permet de triompher et de s'en sortir vainqueur.

La guerre devient, également, le moyen de régler beaucoup de différends, et la coopération semble de plus en plus difficile à mettre en œuvre puisque seule la puissance est mise en exergue et considérée comme « efficace ». Découlent de ces éléments l'ingérence et la manipulation, la force militaire comme moyens de dominer les autres pays et de s'imposer sur la scène internationale.

Je vais tâcher d'illustrer mes propos à travers des exemples concrets que nous connaissons aujourd'hui dans les relations internationales et en analysant quelques pays dans leurs réactions intrinsèques. Ces pays cherchent à revenir à des périodes historiques considérées comme pleines de grandeur, l'Empire. Ils utilisent tous les mémoires à cette fin, à leurs façons, pour stimuler le consensus autour d'eux et raffermir le nationalisme.

4. Illustration à travers l'analyse de quelques pays

La peur entraîne souvent un retour en arrière, conservateur, pour retrouver des situations jugées meilleures parce que dominantes. C'est le retour de la notion d'empire que font plusieurs pays dans le monde. D'autres, à la recherche de la sécurité à n'importe quel prix, se retrouvent dans le triangle de Karpman et passent, tour à tour du rôle de celui de Victime à celui de Sauveur et de Persécuteur.

A – « L'Empire russe » de Poutine, ou la loi du plus fort

Fausse croyance : « Soit je domine, soit je suis dominé », « mon pays est un grand pays et doit dominer »

La Russie déploie la manipulation et la brutalité pour retrouver sa puissance. C'est la tentation de l'hubris. Essayons de comprendre le mode de fonctionnement ainsi que la perception des évènements du côté russe.

Après la chute du mur de Berlin et l'effondrement de l'Union soviétique, la Russie est devenue un pays pillé par les oligarques et la Mafia. Vue par les Occidentaux, la Pérestroïka était le début d'une nouvelle ère formidable parce que les Russes accédaient enfin à la démocratie ; de leur côté cette période a été le début de ce qu'ils ont ressenti comme une humiliation épouvantable. Humiliation qui n'a pas été atténuée par les Occidentaux qui auraient pu respecter « l'esprit russe ». Après avoir été la seconde puissance mondiale militaire, la Russie a eu le sentiment d'être déclassée. De surcroit, le pays était en proie à l'insécurité et au chaos intérieurs. Elle était devenue une puissance de rang régional et n'était donc plus considérée de la même façon.

La Russie a eu le sentiment de n'être ni entendue ni respectée et qu'au lieu d'être accompagnée sur le chemin difficile qu'elle était en train d'amorcer, sa faiblesse relative était utilisée ou risquait de l'être. La fausse croyance : « Pour être entendu et respecté sur le plan international, il faut susciter la crainte ou détenir une puissance », a pris tout son sens dans cette situation. Cette fausse croyance est d'ailleurs, malheureusement, profondément inscrite dans la conduite de la politique internationale dans le monde d'aujourd'hui.

Comme je l'indiquais, les dirigeants n'arrivent jamais par hasard au pouvoir. Ils incarnent, à un moment donné, un ensemble de ressentis, de croyances propres à une population donnée. Or, les Russes avaient besoin de retrouver la fierté en leur pays et leur puissance. Vladimir Poutine a été, au départ, l'expression de ce souhait.

Depuis son accession au pouvoir, le président russe, qui est un homme de la guerre froide, n'a qu'une envie : restaurer la grandeur et la place de la Russie dans le monde. Il va, pour ce faire, fortifier l'identité du pays en mettant l'accent sur des périodes historiques pendant lesquelles le peuple russe a montré sa grandeur : la bataille de Stalingrad et d'une façon plus générale, la Seconde Guerre mondiale, puisque la Russie en est sortie vainqueur et agrandie.

L'idée du dirigeant russe est de retrouver le rang de puissance internationale pour son pays. Revenir à ce qui était, pour montrer que son pays est une grande puissance et son peuple, un grand peuple. Où cette conviction – parsemée d'éléments inconscients[1] – peut-elle le conduire ? Quelle est sa stratégie ? Il est clair qu'aujourd'hui, le dirigeant russe est arc-bouté contre l'Europe, moins contre les États-Unis depuis l'accession de Trump au pouvoir. Le partage du monde dans le respect des intérêts de ces deux dirigeants semble plutôt être la nouvelle voie d'entente entre les deux anciennes nations ennemies. Mais la restauration de « L'Empire russe » reste sa priorité, avec sa propre définition de cet empire, loin de la réalité historique.

Il mobilise, à cette fin, plusieurs leviers pour exploiter l'inconscient collectif russe et renforcer son pouvoir. Tout d'abord, la nostalgie de la grandeur soviétique, en jouant sur le souvenir idéalisé de l'Union soviétique

1 Voir : Astrid du Lau d'Allemans, *Quand l'irrationnel souffle sur le monde*, HD Essais, 2021.

perçue comme une époque de puissance et de stabilité. Il réactive un sentiment de fierté nationale, comme je l'ai indiqué, en promettant le retour à cette grandeur passée, ce qui trouve un écho dans une population marquée par les privations et les sacrifices et pour qui, de surcroit, le changement est toujours perçu comme négatif car, chaque fois qu'il s'est mis en place, la situation, pour le peuple, s'est aggravée. Ensuite, il manipule l'histoire pour légitimer ses actions, notamment sur sa vision de l'Empire russe. Cette stratégie s'inscrit dans une vision messianique visant à restaurer une unité historique et spirituelle supposée entre les deux pays (cette vision messianique se retrouve également aux États-Unis et en Chine, pour d'autres raisons mais avec le même degré d'influence). De plus, Poutine exploite le fatalisme enraciné dans la culture russe qui valorise l'endurance face aux épreuves. Ce trait, issu d'une longue tradition religieuse et communiste, permet de justifier les privations actuelles comme nécessaires au bien collectif. Enfin, il alimente le discours anti-occidental en présentant la Russie comme assiégée par des ennemis extérieurs cherchant à détruire ses valeurs et son identité. Cela renforce la cohésion nationale autour d'une menace commune (le fameux couple peur/sécurité).

Pour assurer la réussite de son projet, Poutine utilise des techniques de propagande visant à semer le doute sur la réalité, à renforcer la méfiance envers les opposants et à maintenir un contrôle sur la mémoire collective.

Ces leviers s'appuient sur des éléments profondément ancrés dans l'histoire et la culture russe, créant un récit mobilisateur qui consolide son autorité. Parce que l'expansionnisme territorial russe est une constante historique, caractérisée par une quête de sécurité, de pouvoir et d'influence. Il débute sous Ivan le Terrible au XVIe siècle, avec la conquête de la Sibérie. Cette dynamique se poursuit sous les Romanov jusqu'en 1905, s'étendant vers l'est, le sud et le nord. L'idéologie de la Troisième Rome a joué un rôle central, positionnant Moscou comme héritier de la mission de la Rome impériale et protecteur de la foi orthodoxe, après la chute de Constantinople en 1453. On retrouve ce positionnement dans la volonté de réunir l'Église orthodoxe d'Ukraine à Moscou et l'influence du Patriarche Kirill qui soutient, pour cela, ardemment le président russe dans sa guerre avec l'Ukraine. Mais les ambitions territoriales incluaient, également, la russification des territoires conquis et leur consolidation en un État-nation moderne. N'est-ce pas ce qui anime Vladimir Poutine à l'heure actuelle dans sa volonté farouche de reconquérir l'Ukraine et de russifier ses territoires ?

En fait, un psy, prenant du recul face aux évènements vécus par son patient, mettrait en lumière l'effet miroir de ces deux titans de l'histoire : la Russie et les États-Unis. Les peurs suscitées par l'expérience vécue qui continue d'influencer les modes de pensée et les réactions des différents camps, mais aussi le besoin d'assurer ce que ceux-ci considèrent être leur sécurité, augmenté par la notion de grandeur messianique qui invite à jouer un rôle de premier plan dans les affaires du monde, quel qu'en soit le prix.

L'Europe n'a pas su arrimer la Russie à son côté à un moment crucial de son histoire et de sa vulnérabilité. Lorsque l'autre est vulnérable, soit j'en profite pour l'affaiblir encore, soit je peux essayer de lui tendre la main tout en posant un cadre et des limites. Parce que, lorsque l'Occident perd de son attrait pour les Russes, ce pays se tourne naturellement vers son autre versant géographique, à savoir l'Asie. Le rapprochement entre la Russie et la Chine a débuté à ce moment-là, de manière beaucoup plus intense.

Je ne cherche certainement pas à excuser Vladimir Poutine, ni sa brutalité à laquelle il faut, évidemment, résister. J'essaye juste de montrer l'engrenage dans lequel chacun des pays entre, consciemment et inconsciemment. Le développement des bases de l'OTAN dans des territoires proches qu'il considère comme nécessaires à la sécurité de son pays, a concrétisé les scénarios de menace permanente de l'homme paranoïaque qu'il est, et, par là même, a renforcé sa capacité de nuisance. Il a, dès lors, le sentiment d'avoir raison d'être offensif pour se défendre. Il devient un ennemi dangereux qui va vouloir du mal. Or, plus le nombre de pays demandant la protection de l'OTAN se renforce, plus la paranoïa du dirigeant russe s'accroît et plus il va chercher de nouvelles alliances défensives. Les évènements lui confirment ses craintes, ses visions les plus dramatiques. Les uns cherchent, de façon légitime, à se défendre d'un voisin dangereux, mais, ce faisant, ils accroissent l'agressivité qu'ils cherchent à combattre et la possibilité de la guerre commence à entrer dans les esprits. Par ailleurs, pour un homme comme lui issu du KGB et forgé au régime communiste de l'Union soviétique, reconquérir la grandeur de son pays impliquerait d'élargir son influence aux territoires appartenant anciennement à L'Union soviétique, non par la conquête militaire, selon moi, mais par la déstabilisation et l'instauration de régimes pro-russes.

Lors du Sommet de l'UE qui s'est tenu à Versailles, le 10 et 11 mars 2022, il a été décidé de réarmer substantiellement l'Europe. Le discours du président Macron sur la possibilité d'envoyer des militaires français en Ukraine a jeté un peu plus d'huile sur un feu déjà nourri, et l'escalade se poursuit y compris dans les actions et réactions des différents protagonistes. La guerre en Ukraine a franchi un pas avec l'utilisation de missiles longue portée par l'Ukraine grâce aux États-Unis et à la Grande-Bretagne, faisant peser le risque d'une nouvelle escalade russe. Enfin, les évènements récents de pourparlers directs entre Russie et États-Unis (Poutine/Trump) montrent que des renversements qui semblaient impensables sont aujourd'hui possibles, soulignant à quel point la possibilité d'accord se fait par opportunisme et besoin de gagner, les uns en récupérant l'Ukraine, les autres en se désengageant d'un conflit jugé coûteux et extérieur aux intérêts américains.

Enfin, ne négligeons pas la part importante des jugements et insultes dans cette escalade entre Europe et Russie : ils attisent les pires scénarios de persécution et donc de haine. Cette haine va être utilisée, dans les deux camps, pour entraîner les peuples, exacerbant les nationalismes et donc, les égos collectifs. La peur du côté européen du retour de la guerre et du pouvoir de nuisance russe d'un côté, l'envie de montrer la grandeur de son pays et de dominer en écrasant l'Occident pour prendre sa place dans le monde par sentiment d'injustice et de non-respect, de l'autre, entraînent une escalade tant verbale que militaire. La manipulation par la peur dresse les uns contre les autres, la dualité entre «les bons et les méchants» s'installe. Même si l'ensemble de la population ne le soutient pas, le président russe bénéficie de l'appui d'une partie de son peuple, de surcroit enfermé dans une forteresse où la désinformation est reine. Avec le temps, sa soif de pouvoir ne cesse d'augmenter, il devient incontrôlable. Il marche sur les traces de Staline, homme paranoïaque ivre de pouvoir, seul aux manettes et se méfiant de tout et de tous. L'assassinat de l'opposant Alexandre Navalny a montré encore, s'il en était nécessaire, combien il se sent menacé, y compris par des personnes totalement réduites au silence et emprisonnées à l'autre bout du pays. Sa paranoïa semble, malheureusement, s'être accrue et, avec elle, sa perception fausse des menaces intérieures comme extérieures. Ses besoins de contrôle et de rétorsion, parallèlement, sont en accroissement constant.

Nous sommes bien en face d'une répétition de l'histoire ainsi qu'un retour à un mode de fonctionnement ancré dans l'inconscient collectif des différents acteurs à l'échelle du monde entraînant les mêmes réactions de peur, de réarmement et de haine.

Du côté occidental – si toutefois existe un camp réellement uni – le dirigeant russe a été jugé dangereux, à juste titre. La peur suscitée par cette guerre à nos frontières alors que nous connaissions la paix depuis près de soixante-dix ans, réactive le souvenir d'une Union soviétique dangereuse car grignotant, du temps de la guerre froide, de nombreux pays et les mettant sous une tutelle implacable. La peur du retour de ce communisme autoritaire et despotique qui se propageait dans nombre de pays est dans notre inconscient collectif occidental. Dans l'envie de soutenir l'Ukraine, bien légitime mais peut-être un peu trop émotionnelle, le recours aux sanctions paraissait être le meilleur moyen d'isoler la Russie et de l'appauvrir. Mais chacun des deux blocs suit la logique de peur dans laquelle il est entré, en fonction, notamment de son expérience passée. Dans cette logique, Vladimir Poutine a souvent un coup d'avance.

Parce que le président russe, malgré les tentatives, n'a pas été isolé, au contraire, il a su développer ses soutiens, par sa capacité de manipulation, pour rallier d'autres pays à sa cause anti-occidentale, notamment en Afrique. Grâce au même mécanisme d'utilisation des mémoires, il a envoyé son ministre des Affaires étrangères, Lavrov, dans ce continent. Ce dernier a effectué de nombreux voyages (Mali, Burkina Faso, Niger, Guinée, Congo-Brazzaville et Tchad), en rencontrant les dirigeants africains et en mettant l'accent sur les drames vécus par ces pays à cause du colonialisme, donc en appuyant sur les mémoires. Une façon de montrer combien l'Occident s'est mal comporté vis-à-vis de ces peuples et de faire ressurgir la haine et les émotions négatives afin de contrer l'influence de l'Occident sur ce continent. Et ça fonctionne ! Là où le chef de la diplomatie russe est passé, des putschs ont éclaté remettant en question les régimes en place qui s'appuyaient, souvent, sur l'Occident. Les intérêts français ont été balayés. La Russie a, ainsi, réussi à se constituer un réseau de soutiens même s'il n'est pas soudé : Chine, Iran, Corée du Nord, Afrique du Sud, Mali, Burkina Faso. Le « deux poids, deux mesures » que les Occidentaux ont eu tendance à mettre en œuvre se retourne contre eux, beaucoup de pays considérant que la mauvaise foi occidentale et son arrogance sont insupportables et doivent être combattues. Ils cherchent une voie indépendante vis-à-vis de l'Occident sans se rendre compte que, ce faisant, ils se mettent dans la gueule de deux loups dangereux, aux intérêts carnassiers, convoitant les ressources de leurs pays : la Russie et surtout la Chine. Depuis le premier entretien entre Trump et Zelensky, on dirait que les dirigeants tout-puissants sont entrés dans une logique de partage du monde par opportunisme et souci d'être plus fort. L'hubris est devenue un élément essentiel, et le rapport de forces son expression. C'est à celui qui sera le plus dominateur et qui engrangera le plus de bénéfices. Gagner ou perdre devient la règle.

La dualité s'est mise en place avec l'identification, dans chacun des deux camps, « des gentils et des méchants », créant une énergie collective négative utilisée et manipulée par des dirigeants peu scrupuleux. Chacun se positionne alors en fonction du passé et des mémoires enregistrées, consciemment ou non. Nos craintes et nos peurs construisent notre futur avec tout ce que cela implique.

Comment réagir pour ne pas répéter ces situations ? Notre puissance personnelle et collective par rapport à ces évènements est déterminante sur ce point : Alimente-t-on ou non les camps opposés, le « tout noir et tout blanc », la haine suscitée ? Si oui, celle-ci, en toute logique, s'accroît et a des conséquences fortes en tant qu'énergie psychique libérée. Entrons-nous dans l'engrenage et la fuite en avant qui en découle ? Suivons-nous et élisons-nous des hommes dont le dessein réel est la recherche de pouvoir et de domination ?

En fait, tout est toujours une question d'interprétation et non de réalité objective. Le balancier était du côté des Occidentaux pendant quelques siècles, il risque de repartir dans la direction inverse. Les humiliés d'hier deviennent ceux qui souhaitent se venger aujourd'hui, en pesant « enfin ! » Et le mouvement continuera, bien entendu. De nouvelles puissances dominantes émergent suscitant jalousie, compétition féroce voire affrontements jusqu'à ce que ça s'inverse à nouveau. Tout cela par besoin de sécurité, très diversement apprécié selon les pays et leurs inconscients collectifs collectif, bien entendu, mais aussi par tentation de toute-puissance, d'hubris, c'est-à-dire d'égo, de besoin de domination. À l'heure actuelle, cette hubris se retrouve non seulement chez Poutine mais aussi chez les dirigeants chinois, américain, turc. C'est devenu la règle !

Dans *Le labyrinthe des égarés*[2], Amin Maalouf évoque ce phénomène en prenant de nombreux exemples, celui du Japon notamment qui, de pays sous-développé, est devenu, après l'ère Meiji, une puissance émergente suscitant l'enthousiasme de beaucoup de pays ayant été dominés par l'Occident. Jusqu'au moment où cette puissance l'amène à devenir dominateur, en faisant la guerre avec ses voisins pour conquérir de nouveaux territoires et s'agrandir. La Chine en fera lourdement les frais. Chaque fois, le besoin de revanche et de puissance devient l'instrument de la toute-puissance. La domination, elle-même, suscite la guerre et le besoin, pour le vaincu, de retrouver sa force… et ainsi de suite. Cette répétition de scénario à travers l'histoire n'a cessé de se manifester. L'auteur parle de la tentation de l'hubris et de ses conséquences désastreuses. Il évoque, à l'inverse, le rôle de Deng Xiao Ping[3] en Chine qui, tout en poussant son pays à devenir une puissance économique de premier plan, n'avait de cesse de répéter de rester humbles et de ne pas se glorifier de cette réussite vis-à-vis de l'extérieur, justement pour ne pas entrer dans cette tentation de l'hubris. Force est de constater que l'actuel président chinois, Xi-Jin Ping, n'a pas suivi la vision de son prédécesseur, bien au contraire.

2 Amin Maalouf, *Le labyrinthe des égarés – L'Occident et ses adversaires*, Grasset, 2023.

3 Deng Xiao Ping (1904-1997) a dirigé la Chine de 1978 à 1989 et fut connu comme l'architecte de la réforme, de l'ouverture et du développement économique de la Chine actuelle.

B – La Chine : Revenir à l'Empire chinois et prendre la place de l'Occident dans la domination du monde

Fausse croyance : « Pour assurer ma sécurité, je dois dominer le monde »

Retrouver la place qui était la sienne avant l'arrivée des Occidentaux et laver les humiliations subies par les traités inégaux, redevenir l'Empire du Milieu, une puissance incontestée et incontestable mais aussi couvrir ses besoins de sécurité et d'approvisionnement, voilà les chemins qu'a pris la Chine.

La notion d'Empire dans l'inconscient collectif chinois se manifeste à travers plusieurs dimensions, historiques, culturelles et symboliques, profondément enracinées dans la psyché collective du pays. L'idée d'Empire est centrale dans l'histoire chinoise, symbolisée par le concept de « Tianxia » (*Tout ce qui est sous le ciel*) qui représente une vision du monde où l'ordre et l'harmonie sont idéalisés sous une autorité centrale. Cette conception a façonné la manière dont les Chinois perçoivent leur rôle dans l'ordre mondial, notamment aujourd'hui avec l'émergence d'une ambition de leadership global. L'Empire du Milieu reste une métaphore puissante, soulignant une continuité historique et une identité collective forte malgré les bouleversements modernes. Ce pays a, en effet, connu plusieurs périodes de puissance et d'expansion majeures. Sous la dynastie Han (206 av. J.-C.-220 apr. J.-C.), la Chine centralisée devient une puissance militaire et économique, contrôlant la Route de la Soie et rivalisant avec Rome. Ensuite, la dynastie Tang (618-907) est considérée comme l'apogée culturel de ce pays qui contrôle le bassin du Tarim avec une influence internationale notable. Sous la dynastie Ming (1368-1644), c'est une période de grande puissance militaire et économique marquée par les expéditions maritimes de Zheng He. Dernière période faste, la dynastie Qing (1644-1912) sous laquelle l'empire atteint son extension maximale, intégrant le Xinjiang, le Tibet et la Mongolie.

Les mythes de la Chine antique, comme ceux des héros civilisateurs, incarnent des archétypes profondément ancrés dans l'inconscient collectif chinois. Ces récits renforcent l'idée d'une civilisation unique et autonome, capable de surmonter les défis grâce à des figures quasi divines. Ces récits mythologiques s'inscrivent dans la formation de l'identité nationale.

Dans le contexte contemporain, l'idée d'un nouvel empire mondial chinois émerge comme une réponse au déclin perçu de l'Occident. Cette ambition s'appuie sur une mémoire collective où l'empire est synonyme de stabilité et d'ordre; les arguments sont donc identiques à ceux que les Russes évoquent sur l'intérêt de revenir à l'Empire.

Xi-Jin Ping, le dirigeant chinois, souhaite, ainsi, retrouver la légitimité politique de son pays en mettant l'accent sur ce qu'il envisage être la décadence actuelle de l'Occident et l'avènement naturel de son pays comme nouveau maître du monde. Le lancement de la politique du « Rêve chinois de grande renaissance de la nation » va dans ce sens. Trois objectifs sont ainsi fixés : Restaurer la gloire passée de la Chine, rappeler le désir séculaire d'une Chine moderne, riche et puissante qu'ont eu tous les Empereurs, enfin rendre les Chinois, fiers et heureux, afin de maintenir la stabilité sociale. Xi-Jin Ping évoque donc l'Empire chinois, cette civilisation vieille de plus de cinq mille ans et qui était, pour les Chinois, le centre du monde, l'Empire du Milieu, la plus éclatante civilisation. L'Empereur régnait, en effet, sur un territoire qui s'est agrandi au fil du temps et qui disposait également de nombreux pays vassaux.

La redéfinition, le 28 août 2023, par la Chine, de la « carte nationale de Chine », c'est-à-dire le document officiel qui définit sa « souveraineté nationale », est une façon de commencer à empiéter sur ses voisins car plusieurs d'entre eux en font les frais : l'Inde, la Malaisie, le Vietnam, les Philippines, Taïwan et même son allié russe. Concrètement, ces nouvelles délimitations montrent que la Chine rogne sur les zones maritimes philippines, malaisiennes et vietnamiennes en mer de Chine méridionale, sur l'État d'Arunachal Pradesh au nord-est de l'Inde – que la Chine considère comme faisant partie du Tibet – mais aussi sur l'île de Bolchoï Oussourisk. Taïwan, que Pékin envisage de reconquérir, est également placé sur l'espace appartenant à la Chine, mais cela est pour ce pays, une évidence, Taïwan lui appartient.

Xi-Jin Ping fait souvent référence à l'Empire chinois, comme s'il souhaitait revenir à la sphère d'influence, qui, au XIVe siècle, atteignit une ampleur sans précédent, englobant le Vietnam et la Birmanie au sud, la Mongolie et la Corée au nord. Il s'agit d'assurer la sécurité alimentaire de son pays en élargissant l'accès à des terres arables tout autour de ses frontières et au-delà, en Afrique notamment.

La perspective de l'effondrement de l'écologie avec le besoin accru de terres disponibles et d'accès à l'eau est devenue une priorité. Les pays limitrophes sont ainsi devenus des pourvoyeurs de denrées pour la Chine. Le Laos la fournit en bois et 20 % de sa forêt a déjà été coupée, alors même qu'il est interdit d'en faire de même en Chine. Idem avec le Vietnam, la Chine est le plus grand partenaire commercial de ce pays, elle importe des produits agricoles et aquatiques, des téléphones, des circuits intégrés, des équipements de diffusion. L'été dernier, la Chine a installé une plateforme pétrolière off-shore dans des eaux revendiquées par le Vietnam et cela, en toute impunité. Le Vietnam a réagi bien entendu et l'ONU est intervenue pour faire respecter le droit, mais en vain. Que peuvent des pays comme le Vietnam face à la puissance chinoise, mais aussi face à sa mainmise sur les sources du Mékong dont elle peut décider de fermer l'accès à volonté laissant ce pays sans l'eau nécessaire à ses productions. La Chine a déjà utilisé cette arme redoutable dans le passé.

Avant l'époque moderne, les relations étrangères de la Chine impériale étaient fondées sur la théorie voulant que l'Empire chinois soit le Céleste Empire, le centre du monde civilisé et l'Empereur de Chine le chef de ce monde civilisé. Tous les autres États limitrophes étaient censés verser un tribut à la Chine et devenir ses vassaux. Bon nombre des interactions de la Chine avec le monde extérieur étaient liées à la route de la soie à cette époque. Ne sommes-nous pas en train de revenir à cet état de fait ? Le Laos, le Vietnam et d'une certaine façon, la Russie, ne sont-ils pas les nouveaux vassaux de la Chine actuelle ? La Chine ne cherche-t-elle pas à récupérer des territoires et à développer son influence, sur la mer de Chine prioritairement mais également, politiquement, sur le monde ?

Les routes de la Soie, l'accord de libre-échange qu'elle a conclu en Asie du Sud-Est (RCPE) mais aussi l'élargissement des BRICS (Brésil, Russie, Inde, Chine) aux Émirats arabes unis, à l'Égypte, l'Argentine, l'Arabie Saoudite, l'Éthiopie et l'Iran, qu'elle a décidé avec la Russie le 1er janvier 2024, est un moyen, pour elle, de prendre le leadership de pays souhaitant se dégager de l'influence américaine. Ces pays produisent déjà un quart de la richesse et représentent 40 % de la population mondiale. Autant dire qu'ils ont un poids important. La Chine brigue ainsi la première place mondiale sur tous les plans, technologique, économique, spatial, mais aussi politique. Prendre la place du dollar dans les échanges internationaux en imposant le yuan, la monnaie chinoise, serait une façon d'imposer une prééminence sur le monde qui était, jusque-là, l'apanage des États-Unis. La course aux armements a repris de plus belle et chacun a le sentiment de jouer sa survie. Ce faisant, et bien entendu, la Chine se heurte aux États-Unis ce qui risque de dégénérer, soit comme au moment de la guerre froide à travers des conflits extérieurs aux deux puissances – c'est déjà le cas avec l'Ukraine et la Russie, Israël et la Palestine –, soit dans un affrontement direct que chacune des deux puissances cherche à éviter pour le moment.

En définitive, le besoin de sécurité entraîne souvent la toute-puissance et donc la domination sur les autres pays, alors que l'humiliation ressentie a pour conséquence le besoin de revanche. L'exacerbation du sentiment national permet de redorer l'identité nationale en gonflant l'égo collectif. La prédation de la Chine correspond ainsi à un besoin de vengeance par rapport à l'Occident pour ne plus subir sa politique, en développant une influence directe sur le monde. Xi-Jin Ping s'appuie, à la fois, sur les mémoires, positives d'une civilisation millénaire magnifique, mais aussi négatives sur le rôle de l'Occident et de son impact (guerres de l'Opium et traités inégaux) ainsi que des conséquences de la guerre entre son pays et le Japon. Le président chinois aspire ainsi à prendre la place de l'Occident pour dominer le monde. L'utilisation des mémoires à des fins politiques devient le jeu de beaucoup de puissances.

Ce danger d'une toute-puissance chinoise dans la région a de nombreuses conséquences, dont le développement d'accords de soutien militaire. Le Japon et la Corée du Sud se sont ainsi rapprochés, chacun d'eux cherchant à s'assurer la protection américaine en cas de besoin.

La Malaisie, l'Angleterre et les États-Unis se sont, de leur côté, unis dans l'accord d'Aukus qui est un accord de coopération militaire tripartite, mais pas formellement une alliance militaire. On sait que Taïwan compte également sur les États-Unis pour assurer sa défense en cas d'attaque chinoise. La mer de Chine devient le théâtre de prédilection d'un affrontement éventuel entre les deux superpuissances. La Chine grignote, d'ores et déjà, les îles du Pacifique parce qu'elles permettent la maîtrise de la zone qui les entoure, englobant de vastes sections de l'Océan Pacifique qui agissent comme une zone tampon entre l'Asie et les Amériques, tout en servant de passage vers l'océan Indien et les pôles. Ce contrôle permet la liberté d'opérations, la capacité de projection de puissance et la possibilité de surveiller les activités des autres nations à proximité. Mais les États-Unis ont également compris cela et considèrent, également, cette zone comme essentielle à leurs transactions commerciales ainsi qu'à leur sécurité militaire.

En fait, la recherche de sécurité renforce le fossé Occident/anti-Occident, le besoin de domination des deux mastodontes mondiaux que sont les États-Unis et la Chine, également, ainsi que leur possibilité de s'affronter à travers d'autres pays comme au temps de la guerre froide.

Nous sommes donc entrés dans une nouvelle guerre froide même si celle-ci n'est pas de la même teneur que la première car l'interdépendance entre les différents acteurs est forte et leur intrication, de ce fait, importante.

L'histoire semble se répéter même si les acteurs changent et les conditions également.

Xi-Jin Ping se met dans les pas de Mao comme figure incontestée du pouvoir, tout comme Poutine se met sur les traces de Staline, avec tout ce que cela implique sur l'autoritarisme, la toute-puissance et l'élimination de toute opposition. On oublie parfois que Staline est à l'origine de la mort de plus de 30 millions de personnes, et Mao, plus de 63 millions… L'inconscient collectif de ces pays, chargé des mémoires non travaillées de leurs histoires, agit malgré eux, mais est aussi utilisé comme levier par ces dirigeants pour avoir un impact fort sur leurs populations.

C – La Turquie ou la volonté de retrouver son ancienne puissance

Fausse croyance : Rétablir l'Empire ottoman pour essuyer les humiliations du XXe siècle

L'Empire ottoman était tout-puissant et craint de 1299 à 1923 parce qu'il dominait une large partie du Bassin méditerranéen jusqu'à s'étendre sur trois continents. Après la Première Guerre mondiale et sa défaite face aux puissances alliées (même si son affaiblissement avait débuté avant la Grande Guerre), l'Empire est disloqué, amputé d'une énorme partie de son territoire (perte de plus de quatre cinquièmes de son territoire et plus des deux tiers de la population de leurs provinces européennes) et se retrouve affaibli et aux mains de ses vainqueurs.

Perte de grandeur et humiliation ressenties suscitent, tôt ou tard, le besoin de revanche. Du côté turc, l'envie de retrouver sa puissance est forte, redevenir un État craint pour pouvoir à nouveau dominer et imposer plutôt que subir. On assiste au même phénomène que pour la Chine, le besoin de domination s'accompagne du besoin de retrouver et de reconquérir les territoires perdus, pour les Turcs, après la Première Guerre mondiale.

Prendre sa revanche devient le leitmotiv. Les situations s'entrechoquent et apparaissent inextricables, chacun des pays en cause défend ses propres intérêts et a ses propres raisons d'en vouloir aux autres. Le besoin de domination pour « assurer sa survie », gagner plus d'argent et de pouvoir, dominer, la guerre, encore la guerre, toujours la guerre… L'invasion du Haut-Karabakh va dans ce sens puisque ce territoire a fait partie, pendant une courte période au XVIe siècle, de l'Empire ottoman et que l'intervention récente de la Turquie, à travers l'Azerbaïdjan, dans cette région, contre les Arméniens, lui permet de retrouver son influence indirecte, une façon de remettre un pied sur l'une de ses anciennes possessions. De la même façon que Poutine et Xi-Jin Ping, le président turc ne cesse, d'évoquer cet Empire ottoman perdu et son envie de retrouver les frontières et la puissance de son pays qui a perduré plus de six siècles.

Sa relation ambigüe avec la Communauté européenne est révélatrice de ce besoin d'exister et de montrer sa puissance. L'Union européenne a fait une erreur qui touche encore cette question épineuse de l'humiliation.

La Turquie d'Erdogan s'est sentie maltraitée et humiliée quand la possibilité de devenir membre à part entière de l'Union européenne lui a été proposée pour, dans un deuxième temps, lui enlever cette possibilité. Elle ne fait désormais plus confiance à l'Union européenne. Au contraire, elle cherche désormais à la manipuler à son avantage, d'où son jeu fait de duplicité vis-à-vis de l'Europe et des Occidentaux.

Lorsque nous n'écoutons pas les autres peuples pour essayer de les comprendre, que nous ne les respectons pas, que nous les humilions, que nous faisons de l'ingérence…, tout cela en imaginant que seul « dominer permet de survivre », nous entrons dans ces fausses croyances et les scénarios de répétition qu'elles génèrent. Nous les subissons, nous les expérimentons, jusqu'à un moment où nous en comprenons l'origine.

D – Les États-Unis : le rôle messianique, le besoin de rester le meilleur et le plus fort

Fausse croyance : « Supérieur aux autres, je n'ai pas besoin d'eux »

La croyance commune initiale américaine qui a pris racine dans l'histoire du pays, depuis au moins la fin du XIXe siècle, est d'être une nation exceptionnelle. Elle s'accompagne de deux tendances principales : d'un côté le protectionnisme/isolationnisme, de l'autre son messianisme en étant le gendarme du monde.

Plusieurs facteurs idéologiques et historiques expliquent ce mode de fonctionnement. D'une part, l'héritage colonial et l'indépendance. Après leur indépendance en 1776, les États-Unis ont développé une identité nationale fondée sur l'autonomie et l'expansion territoriale, comme en témoignent la conquête de l'Ouest et les territoires annexés au XIXe siècle. D'autre part, la doctrine de la « destinée manifeste », au XIXe siècle, justifiait l'expansion américaine comme une mission divine pour propager la démocratie et le progrès. Les Américains ont développé l'idée que leur système politique, fondé sur la démocratie et les libertés individuelles, était supérieur. Il s'agit de l'« exceptionnalisme américain ». Cette conviction s'est construite en opposition avec les systèmes européens jugés décadents et aristocratiques.

L'isolationnisme américain sur lequel Trump s'appuie vient de cette idée d'exceptionnalisme américain selon lequel les institutions des États-Unis sont uniques et doivent être protégées des influences extérieures. La Doctrine Monroe[4] en 1823 a formalisé cette position en affirmant que les Amériques étaient fermées à toute intervention européenne. En contrepartie, les États-Unis s'engageaient à ne pas intervenir dans les affaires européennes. Enfin, à partir du XXe siècle, les États-Unis ont consolidé leur domination grâce à leurs ressources naturelles, leur technologie et leur rôle dans les guerres mondiales, devenant, de fait, une superpuissance internationale, renforçant leur sentiment de supériorité et de leadership mondial. Parallèlement, et depuis le XIXe siècle,

4 Du nom du 5e président des États-Unis, James Monroe (1817-1825).

les critiques européennes ont alimenté un « traumatisme psychologique » chez les Américains. En réponse, ceux-ci ont transformé cette insécurité en affirmation de leur supériorité culturelle et politique. Ces éléments combinés ont forgé une identité nationale centrée sur l'idée d'une mission universelle et d'une supériorité morale et matérielle.

Par conséquent, ayant dominé le monde, les États-Unis ne supportent pas l'idée de perdre leur prééminence. Ils sont la première puissance mondiale et ont bien l'intention de le rester, quitte à se battre sur tous les fronts pour y parvenir. De ce point de vue, et quels qu'aient été les présidents au pouvoir, cette politique est restée identique. Il n'est pas question de laisser la Chine prendre la première place mondiale. La rivalité économique, technologique, militaire, politique, spatiale même, va dans ce sens. Les Américains ne veulent rien lâcher vis-à-vis de la Chine quitte à durcir les tensions sur un plan international. La Chine, bien entendu, jouant exactement le même jeu. Cette compétition qui prend des territoires extérieurs comme terrains d'affrontement ne cesse de s'accentuer. « Je dois dominer sinon je suis dominé », « je dois être fort et tout-puissant, accroître mon pouvoir et mes ressources sinon je perds et suis écrasé ».

Nous sommes toujours dans ce fonctionnement reptilien primordial qui semble rationnel… mais qui est tout sauf rationnel. C'est particulièrement le cas depuis l'élection de Trump qui utilise sans cesse le chantage et le rapport de force pour gagner : « Win/lose ». Dans son esprit il n'existe que des deals où ne peuvent exister d'échanges gagnant-gagnant.

Le slogan « America First » et le slogan de campagne du président Trump : « Make America Great Again (MAGA) » marque la volonté de rester maîtres du jeu en mettant, en premier lieu, les intérêts américains. J'assure ma sécurité et ma puissance à n'importe quel prix. « Tant que j'ai la puissance de résister et de montrer que je suis le plus fort, je me maintiens au pouvoir. Dès qu'une faiblesse apparait, je vais être écrasé par plus fort que moi. »

Il est peut-être temps de dépasser cette fausse croyance inscrite dans les inconscients collectifs depuis que le monde est monde. L'énergie psychique ainsi créée ne cesse de trouver des terrains d'affrontement, de susciter la violence et les conflits, l'envie de revanche et de prise de pouvoir. Alors que les défis sont devenus mondiaux et qu'aucun des pays n'a la main sur leurs solutions, nous pourrions nous y atteler ensemble, d'une manière constructive et en renforçant la sécurité collective.

E- Israël – Palestine : le triangle de Karpman ou la recherche de la sécurité à tout prix

Fausse croyance : la perception du rôle de victime et ses conséquences

Nous nous sentons tous victimes à un moment ou à un autre, dans nos vies, nos histoires personnelles mais aussi notre histoire collective, de périodes pendant lesquelles nous avons été maltraités, utilisés, voire persécutés. Cette perception est évidemment juste et existe à travers des faits précis. Cependant et comme je l'ai indiqué, tant que je reste victime, je ne suis pas maître de mon destin, je subis la vie et surtout les autres. Tant que je reste dans cette perception, je ne me permets pas de créer un futur différent. Sur un plan collectif, plus nous sommes nombreux à penser que nous sommes victimes, plus nous risquons d'entrer, inconsciemment, dans le rôle du persécuteur.

On peut analyser ce principe à travers ce difficile et terrible conflit entre Israël et la Palestine. Je ne juge personne, j'essaye simplement de tirer des enseignements des situations en jeu comme je l'ai fait pour la Russie, la Chine et les États-Unis ou la Turquie.

Le peuple juif a été martyrisé, torturé, persécuté, a subi un génocide dans les conditions les plus abjectes et les plus barbares qu'on puisse imaginer. Hitler a voulu l'éradiquer de la surface de la Terre et a provoqué l'élimination de plus de 6 millions d'individus ! Et pas seulement lui. Les pogroms en Russie, ainsi que dans beaucoup de pays dans le monde, sont bien connus et ont inscrit la terreur dans l'inconscient collectif juif. Ces pogroms étaient perpétrés sans raisons précises et en toute impunité, comme moyen de désigner un « bouc émissaire » dans des périodes difficiles. Ces traumatismes, et tout particulièrement la Shoah, ont laissé des traces évidentes chez les Juifs. Ils ont été victimes d'horreurs, les ont subies avec toutes les conséquences que cela peut induire sur un plan psychologique et humain. Ils les ont vécus dans leur chair. Cette persécution à travers les âges est inscrite dans leur ADN.

Par conséquent, ce peuple est obnubilé, de façon totalement légitime, par la question de sa sécurité. Comment l'obtenir coûte que coûte ? Comme toujours, on se confirme ses croyances. Si j'ai expérimenté la persécution, elle s'est inscrite dans mes gènes. Les Israéliens l'ont, de plus, vécu concrètement, à travers les différentes guerres qu'ils ont menées ainsi que par celles provoquées par leurs voisins lors de la création de l'État d'Israël (guerre de 1948, guerre de Suez en 1956, guerre du Kippour en 1973, Première guerre du Liban en 1982, la seconde en 2006). Dès lors, ce peuple se sent toujours menacé, à raison, alors même que cette persécution, il l'a déjà connue et de façon effroyable. Dès que la sécurité est remise en question, cela actionne, inconsciemment, la panique d'être à nouveau persécuté avec toute la violence qui en résulte, bien compréhensible. Le premier niveau du cerveau, le reptilien, prend le dessus. Et comme je me sens victime, à juste titre, j'ai l'impression d'avoir tous les droits pour assurer cette sécurité, quel qu'en soit le prix. C'est tout sauf un jugement de ma part, vous l'aurez bien compris, juste une description de l'engrenage dans lequel, si je mets la main, je suis entraînée dans des situations de plus en plus effrayantes, voire inhumaines. Il n'y a plus que moi et mon besoin.

À partir du moment où les Nations Unies ont décidé de permettre au peuple juif de s'installer sur une partie du territoire palestinien pour créer l'État israélien par la résolution du 29 novembre 1947, l'élément essentiel sur un plan psychologique était donc pour eux d'assurer leur sécurité. Ils disposaient, enfin, d'une terre à eux. Dans leurs mémoires, comme nous l'avons vu, restent inscrites à jamais les souffrances vécues. Le paradoxe de cette histoire terriblement douloureuse c'est qu'elle crée, là aussi, des répétitions de scénarios. J'ai vécu des horreurs, je suis victime et en droit d'assurer coute que coute ma protection, quitte à faire vivre à d'autres, l'humiliation, la persécution, l'indignité que j'ai moi-même subies. Et l'histoire se répète. Comme pour un enfant qui a été battu et qui va, lui-même, battre ses enfants... sans avoir conscience de ce qu'il fait. Il répète les gestes dont il a lui-même souffert et plus sa souffrance a été forte, plus il risque d'entrer dans ces scénarios de répétition, inconsciemment bien entendu.

Les Palestiniens ont, eux aussi, la sensation d'être victimes. Ils ont dû quitter certaines de leurs terres pour laisser les Israéliens s'installer. Leur territoire diminue et est coupé en deux : Cisjordanie d'un côté, Gaza de l'autre. L'indépendance d'Israël a provoqué l'exode de plus de la moitié des Palestiniens, exode connu sous le nom de « Nakba » (catastrophe), marquant leur déracinement et leur dispersion. Cette perte territoriale est perçue comme une injustice majeure par les Palestiniens et le monde arabe auxquels ils appartiennent. Or, les évènements d'aujourd'hui font ressurgir cette mémoire collective d'exil forcé et de dépossession. Elle alimente la résistance palestinienne et les demandes de justice, tandis qu'Israël tend à minimiser ou refouler cet héritage, exacerbant l'impasse politique et le ressentiment mutuel.

Avec le développement des colonies « sauvages » au fil du temps, le territoire palestinien est de plus en plus émietté à l'intérieur même des deux ensembles précités. Les réactions à ce morcelage commencent à se faire sentir avec les deux Intifadas (soulèvement surnommé « la Guerre des pierres » : la première de 1987 à 1993 et la seconde de 2000 à 2005), chaque fois écrasées par la force. L'incapacité des dirigeants palestiniens à faire en sorte que cette question palestinienne soit dans les préoccupations de l'ONU et n'aboutisse à des résolutions concrètes entraîne des élections à Gaza en faveur du Hamas, un mouvement terroriste déterminé à se faire entendre. La Palestine ne parvient pas à se constituer en État indépendant et se trouve, peu à peu, coupée des courants d'échanges. La Palestine dépend fortement d'Israël (72 % des échanges) or les blocus et les coûts élevés limitent ses exportations, mais aussi l'accès à l'eau (Israël contrôle 80 % des ressources hydriques partagées, imposant des quotas et des prix élevés aux Palestiniens) et à l'électricité (90 % de cette énergie provient d'Israël en Cisjordanie ; 62 % à Gaza). Les contrôles imposés par les Israéliens peuvent être humiliants. Et plus le pouvoir israélien se radicalise, plus la haine et la violence se développent, à l'intérieur même du pays ainsi que vis-à-vis de l'extérieur. Dès lors, les Palestiniens n'ont plus rien à perdre. Ils sont dans un désespoir et une humiliation qui poussent au terrorisme. Je n'ai plus rien à perdre donc ma vie aura un sens si, pour défendre mon pays et les miens, je meurs. Le terrorisme prend ses racines dans ces personnes qui ont le sentiment de ne plus avoir de raison d'espérer et qui se sont senties offensées et humiliées. C'est un terreau propice et très utilisé par les soi-disant prophètes de mauvais augure.

Ce n'est en rien, bien entendu, une excuse par rapport à l'horrible attaque perpétrée par le Hamas contre l'État d'Israël le 7 octobre 2023, je cherche juste à montrer la logique négative dans laquelle chacun des deux peuples est entré avec, pour conséquence pour les uns comme pour les autres, une situation qui est devenue dramatique.

J'entendais une interview d'un Palestinien que j'ai trouvé remarquable : Elias Sanbar[5]. Cet homme indiquait que, malheureusement, personne n'allait sortir positivement de ces évènements barbares ainsi que de la répression qu'ils ont générée. Il expliquait que, au sein d'Israël, en « perdant son âme » dans ces bombardements incessants qui tuent tant de vies de jeunes, d'enfants et de femmes, Israël aurait beaucoup de mal à trouver une unité politique et à sortir du malaise intérieur que de tels actes provoquent. Du côté palestinien, le Hamas devient l'unique force politique et la seule qui, pour les Palestiniens, a su attirer l'attention de la communauté internationale sur leur sort. Mais à quel prix ! Son influence a augmenté malgré les horreurs que leur action a provoquées. Dans les deux cas, les deux ensembles

5 Écrivain, diplomate palestinien, ambassadeur permanent de la Palestine auprès de l'UNESCO.

perdent leur humanité, leur capacité à trouver une solution digne pour tous. N'oublions pas la conclusion du rapport du PNUD que j'indiquais précédemment: «Mon pays est en sécurité si les pays voisins le sont également.»

S'extirper de ce passé qui a laissé des traces si profondes est essentiel et cela en sortant, notamment, du rôle du triangle de la notion de victime. Comme nous l'avons vu au commencement de ce livre, selon le triangle de Karpman, lorsqu'on se met en victime, on va devenir persécuteur à un moment ou à un autre. Si j'arrive à sortir de cette posture, je retrouve ma capacité à créer un futur différent. Dans le cas contraire, je m'introduis dans un cercle vicieux et je perds la maîtrise des évènements. En entrant dans le rôle du persécuteur, à mon tour je sème la terreur; l'horreur que j'ai moi-même expérimentée, je la mets en œuvre, je fais subir l'humiliation que j'ai vécue dans ma chair. Autant d'éléments négatifs épouvantables qui restent dans les structures cérébrales des individus. Dès lors, les victimes n'auront qu'une envie: se venger, quitte à le faire de façon odieuse et totalement inacceptable et barbare. Cet engrenage effroyable peut durer indéfiniment. Dès lors, je me perds en tant que peuple parce que je perds ma dignité et mon honneur. J'entre dans le pire de moi-même, dans l'extrême horreur. Je pense éradiquer mes détracteurs mais je n'éradique que mon humanité. Ce faisant, je vais avoir beaucoup de mal à me reconstruire et à aller de l'avant. Et mes ennemis seront de plus en plus nombreux, parce que plus je les écrase et les humilie, plus je suscite de haine, plus je fais grandir le nombre d'individus qui vont se dresser contre moi. Sans parler des difficultés intérieures que je vais vivre en conséquence : je sème la division et la haine à l'extérieur de mon pays et je récolte la division et l'incapacité d'aller dans la même direction à l'intérieur.

C'est triste et désespérant de voir ces scénarios implacables se reproduire sans qu'apparemment personne ne prenne conscience du piège qui les sous-tend. Le changement, dans les relations entre pays – si toutefois il avait un sens pour le plus grand nombre – serait dans la prise de conscience que la fatalité de l'histoire peut être évitée si nous acceptons de regarder ce qui la génère et qui se répète dans les conflits. Accepter d'envisager les évènements comme un enseignement en les prenant sous un angle systémique. De quoi sont-ils le révélateur ? Qu'avons-nous à comprendre et à faire évoluer dans nos façons d'agir et de penser afin d'éviter ces répétitions de scénarios ? Il s'agirait d'accepter de remettre en question nos croyances fondamentales et nos façons de nous voir en tant que pays mais aussi de voir le monde.

5. Quelles pourraient être les pistes pour éviter ces retours de scénarios ?

Les politiques mises en œuvre entre pays ou régions du monde pendant des siècles ont des effets boomerang. Plus elles génèrent de l'ingérence, des contraintes, de l'humiliation ou du pillage, plus le besoin de revanche s'exprime, quitte à pratiquer, dans un deuxième temps, la même politique intrusive envers des pays jugés plus faibles. Comment éviter de tomber dans ce piège ? Comment sortir de l'imbroglio international qui est, a été et risque de continuer à se mettre en œuvre dans le futur ? Est-ce envisageable ?

A – Le travail à faire sur les mémoires

L'une des premières pistes consisterait peut-être, pour les peuples, à faire un travail sur leur histoire afin de vivre dans le présent et non de continuer de réagir, inconsciemment, à travers les évènements du passé.

Lorsque je travaillais à l'international, j'avais été frappé de voir à quel point lorsque nous évoquions le présent, nous ne cessions de nous heurter au passé. Les traumatismes des peuples, les guerres ou conflits vécus entre eux, ressortaient invariablement. Travailler sur ses mémoires n'est ni simple, ni automatiquement efficace. Cela permet, à tout le moins, de prendre conscience des éléments qui nous conditionnent malgré nous. Plusieurs méthodes existent à l'heure actuelle qui ont été mises en œuvre dans certains pays.

Une première méthode consiste à permettre aux personnes ayant subi des traumatismes de se faire entendre dans des commissions spécialement conçues pour ce faire, et face à ceux qui les ont persécutées. Les émotions peuvent ainsi s'exprimer et favoriser le travail de catharsis indispensable pour que le processus de reconstruction, voire de résilience, puisse débuter avec le temps. En parallèle, favoriser l'accès libre et total à l'ensemble des archives, y compris les plus sombres, ainsi qu'aux différents témoignages, permet une prise de conscience sur les situations vécues collectivement. C'est une façon de ne pas rester porteur de cet inconscient collectif ni de le subir. Le Rwanda, par exemple, s'est lancé dans cette aventure courageuse après l'horrible génocide des Tutsis en 1994. L'Allemagne, après la Seconde Guerre mondiale, l'avait également mise en œuvre ; l'Afrique du Sud, après l'apartheid. Ce n'est ni simple ni automatiquement efficace et cela prend du temps. Cependant, c'est une façon d'éviter de subir et de se laisser embarquer, inconsciemment, par des mémoires non identifiées mais qui existent bien.

La seconde méthode vise à réconcilier les anciens ennemis autour de la construction d'un projet nouveau. La création de l'Union européenne allait dans ce sens. Il ne s'agissait pas d'oublier les exactions commises mais de ne pas recommencer à humilier le vaincu, ce qui avait été le cas pour l'Allemagne, après la Première Guerre mondiale avec le système des immenses réparations de guerre, l'une des raisons de l'arrivée au pouvoir d'Adolph Hitler.

Autre méthode, celle qui consiste à décrypter les mémoires qui peuvent être à l'origine des difficultés ou tensions rencontrées entre États ou à l'intérieur même d'un pays. Quand une crise survient, l'idée est d'analyser ce qui, dans le passé, est susceptible de la sous-tendre afin de la désamorcer. L'Observatoire Pharos[1], en France, a pu intervenir parfois sur le terrain, notamment dans la résolution d'une crise ou d'un conflit potentiel entre certains pays africains. Une équipe est allée sur place rencontrer les protagonistes pour envisager, avec eux, les éléments du passé qui peuvent être la cause de ces différends. Leur mise en lumière peut permettre de ne plus les subir.

Afin d'éviter les interprétations historiques à des fins politiques, la dernière solution pourrait être de construire

1 Fondé en 2011, l'Observatoire Pharos s'est fixé pour mission de contribuer à prévenir les fractures, inspirer les politiques publiques et encourager une culture vivante du pluralisme, dans des sociétés marquées par la diversité.

un récit national mettant en valeur les évènements vus à la fois sous l'angle des victimes, des persécuteurs, mais aussi avec l'approche d'un historien «neutre» (le plus neutre possible) parce qu'extérieur au pays et qui tenterait d'être au plus près des faits et le plus objectif possible. Ce serait une façon de disposer de trois approches différentes et complémentaires permettant d'éviter les jugements hâtifs et définitifs et l'utilisation des mémoires à des fins politiques.

Chaque peuple aurait ainsi un travail à faire sur son histoire afin de s'en libérer et de ne pas permettre son interprétation ou son utilisation par des dirigeants peu scrupuleux. Le cas échéant, nous nous accrochons à nos égos collectifs et donc à notre souffrance que nous reproduisons et reprogrammons sans cesse. La douleur est inévitable, la souffrance est un choix intimement relié à notre égo, à notre besoin d'exister, de reconnaissance, de prise de pouvoir lié au besoin de vengeance, à nos peurs, notre inquiétude face à l'avenir, etc. Les mémoires sont de deux ordres bien entendu, négatives mais aussi positives. Les grands moments de joie collective, comme celle que nous venons de vivre avec les Jeux olympiques, existent. Une liesse s'ensuit qui unit et réunit. Il en va de même dans beaucoup de moments historiques fondateurs. «La mémoire, c'est la vie elle-même», écrivait Luis Ansa[2]. «Le passé n'existe pas, le futur n'existe pas, ils sont en permanent état de mouvance dans l'instant, l'instant. L'instant… unique ![3]» Sur quoi mettons-nous

2 Peintre argentin et «sage» (chaman) indien (1922-2011).

3 Luis Ansa, Henri Gougaud, *Le secret de l'Aigle*, Albin Michel, 2000.

l'accent ? Apprenons-nous à considérer l'histoire comme une opportunité de sortir des éléments collectifs traumatisants pour les travailler ?

Si nous reprenons notre analyse par pays, quel pourrait être ce travail sur les mémoires afin de nous en libérer, de passer à autre chose, de mettre l'accent sur les évènements positifs plutôt que de revenir sans cesse au négatif, au sombre ?

En Russie

La Russie aurait un travail à faire pour revenir sur les mémoires liées, en tout premier lieu, aux nombreuses invasions subies depuis 1226, notamment du fait des Tataro-Mongols qui fondèrent la Horde d'Or. Chacune d'elles a laissé des traces qui fondent le besoin de sécurité du pays par une ceinture territoriale englobant même les anciens États baltes. Envisager l'opposition entre « grand-russes » et populations limitrophes – à l'Ouest comme dans le Caucase – pourrait être un moyen de déceler les racines sur lesquelles se fonde cette vision des « États tampons » nécessaires à la sécurité de la Russie, et son besoin d'emprise sur eux.

Une mise à plat du système communiste créé avec l'Union soviétique, en décortiquant son mode de fonctionnement et ses conséquences, notamment celles du Stalinisme et de son système dictatorial, serait également bien utile. Elle pousserait la Russie à s'adapter au monde tel qu'il est aujourd'hui, plutôt que de chercher à revenir à d'anciens modèles qui lui donnaient une illusion de toute-puissance.

Mais un travail de mémoires devrait également se faire sur la guerre froide, l'effondrement de l'Union soviétique, la Pérestroïka (jugée honteuse et dévalorisante)... et tant d'autres sujets jamais évoqués ni même appréhendés. Le peuple russe, je le répète, n'aime pas le changement parce que chaque fois que celui-ci s'est mis en place, les situations se sont révélées désastreuses pour la population. Toutes ces émotions liées à l'histoire russe demeurent intactes dans l'inconscient collectif ainsi que les perceptions et croyances qui y sont attachées et qui sont utilisées par les dirigeants.

Les peuples sont ainsi à la fois acteurs et victimes de leur inconscient collectif et ce dernier influence leurs perceptions et croyances et les amène à réagir de manière forte et émotionnelle face à des situations qui nécessiteraient de les envisager avec sérénité et paix intérieure afin de raison garder.

Dans les pays de l'Est

Tous les pays limitrophes de la Russie auraient le même travail à faire pour sortir de la peur de leur voisin, notamment de l'héritage de l'Union soviétique et de son impérialisme destructeur pour leur pays. Mais ce travail de mémoire serait également à faire pour ceux incorporés de force, en particulier les pays baltes plusieurs fois annexés, indépendants en 1918 et réoccupés par l'URSS (1939-1991), et la Pologne, annexée par l'Empire russe (1795-1918), victime du Pacte germano-soviétique en 1939 puis contrainte de devenir un membre du Bloc de l'Est (1945-1989). Ils perçoivent cette période comme une oppression, tandis que Moscou la présente comme une libération. Une empreinte durable a été ainsi imprimée dans la mémoire collective, exacerbée par les tensions actuelles avec la Russie. Moscou considère, de son côté, ces territoires comme faisant partie de son « étranger proche », ce qui alimente des tensions géopolitiques persistantes. Une guerre des mémoires existe, notamment autour des minorités russophones et des monuments soviétiques démantelés. Depuis l'indépendance, en 1991, les Baltes dénoncent les ambitions impérialistes russes visibles dans la guerre en Ukraine.

Au lieu de chercher un protecteur comme les États-Unis et l'OTAN, la libération de ces mémoires permettrait, peut-être, d'entrer dans un autre mode de fonctionnement que la répétition des scénarios du passé. Plus un pays cherche la protection de l'OTAN, plus il confirme au président russe sa paranoïa. En retour, les réactions guerrières et intempestives de Vladimir Poutine inquiètent à juste titre ses voisins, les poussant à demander la protection américaine et de ses alliés de l'OTAN. C'est un engrenage dangereux et sans fin, bien que légitime.

J'entendais, dans une interview, l'ancien président polonais, Andrzej Duda[4], parler de la Russie. Il avait un discours extrêmement violent et empreint de peur.

4 Président polonais élu de 2015 à 2025, Andrzej Duda a adhéré à l'Union pour la liberté (UW), un parti centriste issu de Solidarność, puis au parti national-conservateur Droit et justice (PiS).

Il évoquait l'impérialisme russe et ses conséquences pour son pays au moment de l'Union soviétique. Son émotion était forte et il répétait sans cesse que la Russie allait recommencer, dès qu'elle en serait capable, à envahir ses voisins et donc la Pologne. Il n'était pas question de rationalité dans ses propos mais de crainte. Je ne pense pas que la Fédération de Russie dispose des moyens mais aussi de la volonté nécessaire à l'invasion de ses anciennes républiques. Poutine n'a jamais évoqué cette possibilité. Néanmoins, elle existe dans les structures cérébrales de toutes les populations ayant subi le joug russe et pour cause ! Si la volonté d'invasion n'est pas du tout certaine, la Russie va, en revanche, utiliser l'arme qu'elle utilise sans cesse : la manipulation pour faire élire des présidents qui seront à sa botte.

Aux États-Unis

Il en va de même avec les États-Unis qui cherchent sans cesse à dominer le monde en imposant aux autres leur mode de fonctionnement « pour leur bien », pensent-ils. Qu'ils puissent identifier et analyser leur propre perception d'une identité, jugée exceptionnelle dès la révolution de 1776, serait salutaire afin de sortir de cette vision supérieure de leur rôle dans le monde. De même, il faudrait qu'ils puissent faire un travail sur la façon dont ce sentiment a « autorisé » l'élimination des peuples indiens et la domination de la sphère américaine (doctrine Monroe). Et rechercher comment la vision wilsonienne a évolué, après la Seconde Guerre mondiale, en domination et vision dichotomique du monde.

Enfin, tenter de sortir des croyances, des émotions et mémoires engendrées par la guerre froide mais aussi le Maccarthysme. Sans parler de la ségrégation raciale aux États-Unis qui semble ressurgir à l'heure actuelle avec le président Trump et sa politique anti-migrants. On oublie que les gens de couleur ne disposaient pas des mêmes droits que les blancs et avaient l'obligation de vivre entre eux sans se mélanger au reste de la population, cela jusqu'à la fin des années 1960.

Comment sortir de cette vision duale du monde engendrée par l'Occident et sur laquelle butent depuis tant d'années beaucoup de pays ? « Nous avons raison, nous sommes les gentils, vous avez tort, vous êtes les méchants » avec le « deux poids, deux mesures » qui l'accompagne souvent. « Je fais ce que je t'interdis de faire », « ceux qui ne sont pas avec nous sont contre nous ». Des postures qui entraînent l'arrogance et donc la potentielle sensation d'humiliation des autres peuples. Reconnaître ses torts pour les assumer, permettre d'entendre la souffrance des autres, ne pas se considérer comme supérieur est une voie de paix. Aucun peuple n'est supérieur, nous sommes tous parties prenantes d'un Tout où chacun apporte sa contribution dans sa spécificité.

En Chine

Que dire de la Chine dont les dirigeants utilisent les humiliations vécues au XIXe siècle au moment des guerres de l'opium, avec les conséquences désastreuses qu'elles eurent sur leur territoire et leur mode de fonctionnement ? Xi-Jin Ping appuie sans cesse sur ces mémoires qui restent inconsciemment, dans les structures cérébrales des Chinois, pour asseoir son autorité, faire consensus autour de lui contre un Occident jugé arrogant et l'ennemi numéro un de son pays.

Il serait intéressant, pour la Chine, de faire, en parallèle, un travail sur les mémoires des relations entre population Han et les autres (mongols, tibétains, Ouïgours, etc.). Mais aussi, de revoir le Maoïsme et l'impact de ce dernier sur la population chinoise, les horreurs perpétrées pour asseoir l'autorité du Grand Timonier (près de 67 millions de morts). Reconsidérer la Révolution culturelle et l'hégémonie d'un seul dirigeant dans ce système de parti unique.

B – Sortir de la compétition et promouvoir la coopération

Tant que je considère que pour survivre, je dois être plus fort que l'autre, je m'engage dans un processus de compétition permanente. Et comme je me suis construit en force en mettant de côté mes faiblesses afin de me battre pour réussir, de me protéger pour y parvenir, et me faire, enfin, une place dans ce monde, j'entre dans la concurrence et dans l'égo. C'est lui qui me permet de soutenir ce stress et les difficultés que je rencontre au cours du temps pour avancer. Dès lors, si je réussis, je me sens fort, voire tout puissant, mon égo en sort renforcé et mon cœur souvent en protection. J'ai construit une armure pour triompher. J'ai réussi. Je me suis totalement identifiée à la *persona*, au masque social, dont parle Jung, et j'ai perdu le lien avec moi-même. Je me suis créé un monde dur et sans concession, dans lequel je survis grâce à l'armure que je me suis construite et la reconnaissance que je reçois des autres. Il suffit que cette reconnaissance baisse (retraite, chômage, etc.) pour que j'aie l'impression de n'être plus personne. Je sens n'être plus rien.

Regardons les conséquences de ce mode de fonctionnement sur un plan international. Qu'observe-t-on ? Une compétition acharnée et permanente pour survivre, la sensation que seule la force peut régir et organiser notre relation aux autres pays, à fortiori par la puissance militaire. Nous en sommes même arrivés au concept de dissuasion nucléaire qui se fonde sur la peur, dans les deux camps, du recours par l'autre à l'arme nucléaire, c'est-à-dire sur la capacité d'un pays à infliger des dommages inacceptables à un adversaire qui voudrait l'attaquer. On assure notre sécurité en s'armant de plus en plus… avouez qu'il s'agit là d'un concept original et paradoxal. Le pire, c'est qu'il fonctionne ! Et le nombre d'heureux élus possédant cette arme redoutable, ou souhaitant la posséder, ne cesse d'augmenter. Tout le monde veut l'acquérir. Elle est devenue un élément de puissance et de pouvoir pour se faire respecter dans le monde et obtenir un certain rang. Une puissance qu'on écoute parce que jugée dangereuse. Parallèlement, et compte tenu de la situation dans laquelle nous sommes entrés, il est important d'être à même de se défendre pour ne pas être à la merci des autocrates. La suite du monde dans lequel nous vivons aujourd'hui pourrait, pourtant, être envisagée différemment parce que nous aurions évolué dans nos esprits et nos cœurs. Est-ce un rêve ?

Il est triste de réaliser que pour être entendu et respecté, l'on doive devenir menaçant, inquiétant, voire manipulateur. Et on s'étonne ensuite qu'apparaissent des dictateurs ou autocrates qui ne cessent d'utiliser ces moyens pour faire exister leur pays sur la scène internationale. Que sont devenues la politique et la diplomatie à cette aune ? L'écoute et la compréhension de l'autre avant tout conflit ? On parle de plus en plus d'États jugés « voyous » mais je crois que beaucoup de pays dans le monde se comportent aujourd'hui de cette façon, sur un plan ou sur un autre. Il s'agit bien de la vision de Machiavel dans *Le Prince*, établissant que le seul but d'un prince devait être la recherche du pouvoir, indépendamment des questions religieuses ou morales, estimant que la fin justifie les moyens.

La compétition est le fondement de ces guerres tant économiques que politiques, ou militaires auxquelles nous nous livrons bien souvent et qui suscitent l'envie de revanche, le besoin de grandeur et de force pour exister et survivre. La mondialisation a renforcé cette compétition forcenée. L'ingérence en est la conséquence mais elle a toujours existé, reliée à ce besoin de toute-puissance. Nos systèmes sont créés à partir de cette notion. On doit entrer dans cette façon de fonctionner pour exister sur un plan individuel, à fortiori sur un plan collectif. Tant que je me définis à travers ce prisme, j'impose, je dois être plus fort pour survivre, je dois me battre. Et on en revient à ces conflits et batailles incessantes. Cette tendance s'est encore renforcée avec l'arrivée de Trump au pouvoir. On vit cette loi désormais. À qui sert-elle? Cette croissance et cette compétition à tout va épuisent les ressources naturelles et mettent en danger notre survie. Pour assurer sa survie, un État doit dominer, exporter dans une logique sans fin, accumuler, jusqu'à risquer de détruire l'environnement et donc de disparaitre ! La logique du « toujours plus » est implacable… et illogique parce qu'elle remet justement en question la survie. Il devient plus qu'urgent de fonctionner différemment au vu de l'aggravation de la consommation des ressources de la planète, de l'atteinte des limites planétaires[5]. Nous allons avoir de plus en plus de déclencheurs de conflits (eau et nourriture en particulier) qui peuvent accentuer le cercle vicieux que j'évoquais.

Malgré leurs échecs, les politiques de déstabilisation restent les mêmes et les relations internationales continuent d'être le lieu de compétitions acharnées. Et cela d'autant plus que l'incertitude est devenue omniprésente, que la désinformation ou l'afflux d'informations suscite et alimente la peur et donc son corollaire : le besoin de sécurité. C'est un cercle vicieux sans fin.

5 Selon le Stockholm Resilience Center, en 2023, sur 9 limites planétaires, 6 sont d'ores et déjà dépassées : Introduction d'entités nouvelles dans la biosphère (comme le plastique) – Changement climatique – Changement d'occupation des sols – Utilisation de l'eau douce – Érosion de la biodiversité – Perturbation des cycles de l'azote et du phosphore.

Ne pas entrer dans la peur

L'utilisation de la peur est redoutable et dangereuse à titre individuel, à fortiori sur un plan collectif. Apprendre à la domestiquer pour la rendre inoffensive est l'un des enjeux actuels pour ne pas se laisser manipuler, retrouver le libre arbitre et ainsi, la puissance créatrice. La vie est mouvement. Lorsque nous nous mettons dans ce flot en confiance, en acceptant l'incertitude qui l'accompagne mais aussi en entrevoyant les potentialités que cela permet, une perspective s'ouvre, différente. Le verre est toujours à moitié vide et à moitié plein, le côté sur lequel l'accent est mis va influencer la construction du futur.

Apprendre à s'ancrer et à revenir à l'intérieur de soi pour ne pas subir les évènements rend libre. Là où je vis, à l'instant que je vis, tout va bien. Si je parviens à accéder à la présence en moi, je me sens en sécurité. Je ne suis plus embarqué par les émotions ni par les évènements. Cette sécurité que l'on nomme *ontologique*, c'est-à-dire : venant de notre essence, est en chacun de nous de manière naturelle. La retrouver nous permet d'agir en conscience et de devenir créateur de nos vies parce que l'on ne subit plus, on « est ». La douleur existe, les évènements négatifs également mais si je suis à même de les accepter rapidement et de retrouver mon calme intérieur, la page va se tourner plus vite, je vais passer à autre chose. Mais aussi, parce que je suis bien en moi-même, je deviens rayonnant et un pôle de stabilité et d'équilibre pour les personnes de mon entourage quelles qu'elles soient. Ce n'est pas quelque chose qui est recherché, c'est la conséquence d'un état de bien-être intérieur qui a des répercussions positives et naturelles sur l'extérieur. Une sorte d'effet boule de neige entrainant un cercle vertueux. C'est un apprentissage, bien sûr ; il amène progressivement à sortir de nombreuses fausses croyances enregistrées dans nos inconscients comme la peur du manque, la peur de la séparation, la peur de ne pas y arriver, la peur d'être agressé, la peur de la mort et tant d'autres. Chacune d'elles a une raison d'être liée à notre histoire personnelle ou à celle de notre lignée familiale, mais tant que nous sommes reliés à ces modes de fonctionnement qui nous remettent dans la survie, nous perpétuons les répétitions de scénarios à titre individuel, à fortiori à titre collectif. En remettant les rênes de nos vies et de notre futur à des personnes jugées « fortes » et « providentielles », nous favorisons les dérives autoritaires éventuelles et la manipulation de dirigeants avides de pouvoir comme nous l'avons vu.

Je pourrais reprendre l'ensemble des régimes autoritaires à cette aune et voir combien chacun d'eux, aujourd'hui, utilise les mêmes ficelles ; les dirigeants de nos démocraties également. Tous ont tendance à instrumentaliser la peur et, par conséquent, notre besoin de sécurité. Revenir à nous et à notre puissance intérieure devient essentiel. C'est le moyen de garder notre libre arbitre et notre capacité à ne pas entrer dans ces schémas en refusant de suivre leurs instigateurs. En fait, il s'agit de passer du besoin de sécurité à la liberté intérieure sur un plan individuel, et donc à la liberté tout court sur un plan collectif.

Observer la manipulation et les sentiments négatifs avec distance

Le négativisme, avec son lot de mauvaises nouvelles, de pessimisme, d'utilisation de mots qui sont tout, sauf anodins, est lourd de conséquences. Il provoque des réactions fortes, aussi bien inconscientes que conscientes. Il crée un climat de mal-être et de tension intérieure permanents.

Lorsque les dirigeants se servent des mots, ces derniers sont porteurs d'une énergie qui est tout, sauf anodine. En parlant de guerre, d'attaque nucléaire, ils suscitent les émotions correspondantes enregistrées dans nos structures cérébrales, y compris si nous n'avons jamais connu ces situations. Le jeu sur la peur prépare, manipule et enrégimente les esprits, consciemment ou inconsciemment. Vladimir Poutine est un spécialiste de ce genre de méthode mais il est loin d'être le seul. Donald Trump utilise également cette façon de fonctionner avec un vocabulaire particulier, mettant sans cesse l'accent sur la force. Mais lorsque Macron, pendant le Covid, désignait la lutte contre le virus, comme « une guerre », le processus est le même et les conséquences également. Je n'ai jamais reçu autant de patients en crise de panique ou en crise d'angoisse que pendant cette période. Ils se voyaient déjà morts comme lorsqu'un conflit violent éclate. Les mots sont porteurs d'émotions et d'énergie. L'emploi des mots négatifs et violents enferme les populations dans une perception faussée des situations et développe un sentiment d'insécurité. Parce que les situations ne sont pas « pires qu'avant», quoi qu'on en dise, à l'exception notable – et ce n'est pas la moindre des choses – de l'environnement. Les choses positives existent aussi, bien évidemment, au même titre que les éléments négatifs. Les voir en même temps permet d'équilibrer et de remettre à leur juste place les évènements.

Sortir de ces perceptions dangereuses et disproportionnées pourrait être un moyen de ne pas contribuer à leur impact. L'une des pistes consiste, également, à sortir de la notion de victime.

Sortir de la notion de victime et d'humiliation

Les notions de victime et d'humiliation sont un frein épouvantable à notre capacité à nous aimer et nous respecter, mais aussi à vivre en paix avec nous-mêmes et avec les autres peuples. Et cela même si elles ont une raison d'être. Elles ont pour conséquence le besoin de vengeance qui conduit à de nouvelles guerres, de nouveaux conflits. Ces sentiments ne font que nourrir la haine. Les peuples entrent alors dans le pire d'eux-mêmes. La volonté de domination sur les autres attise le besoin de se révolter, de s'affronter, de se lancer dans la course aux armements. Les égos collectifs sont alors stimulés et prêts à commettre les pires horreurs et massacres. Les exemples ne manquent pas à travers l'histoire.

Les cercles vertueux existent aussi et débutent souvent par l'envie de faire autrement en lâchant le passé, y compris le plus terrifiant. Il est possible de ne pas répéter les scénarios. Ne pas rester identifier au rôle de victime fait partie du processus. Nelson Mandela a ainsi réussi à éviter une guerre civile après la période de l'apartheid parce qu'il a su entraîner son peuple vers une forme de libération des émotions tout d'abord, puis une forme de pardon dans un second temps. Ce n'est pas un passage obligatoire, loin de là. Parfois, la colère et le ressentiment permettent de tenir, face à des situations vécues comme effrayantes. Et, c'est l'une des voies possibles, dans la mesure où elle favorise la libération de ce passé.

Reprendre la maîtrise de nos destins collectifs implique de sortir de cette notion de victime, de reconnaître ce qui a été pour pouvoir passer à autre chose. Sinon, la capacité à construire un futur différent est rendue plus délicate.

J'aime beaucoup ce texte sur le pardon, écrit par Padre Pio[6], un prêtre et mystique italien, parce que je le trouve très juste :

> « Pardonner à quelqu'un ne veut pas dire pardonner son comportement. Ce n'est pas non plus oublier la façon dont il t'a blessé ni même lui laisser te faire du mal.
>
> Pardonner signifie faire la paix avec ce qui s'est passé. Cela signifie reconnaître ta blessure, en te donnant la permission de la ressentir et de comprendre que cette douleur ne te sert plus à présent.
>
> Ça veut dire laisser aller la douleur et le ressentiment pour pouvoir guérir et avancer.
>
> Le pardon est un cadeau à toi-même. C'est une décision, Ta décision…

6 Saint Pio de Pietrelcina, né Francesco Forgione (1867-1968).

Il te libère du passé et te permet de vivre dans le temps présent.
Quand tu te pardonnes et que tu pardonnes aux autres, tu deviens vraiment libre. Tu te détaches…
Pardonner signifie libérer un prisonnier et découvrir que ce prisonnier c'était toi. »

Sur un plan collectif, nous avons expérimenté cette forme de pardon après la Seconde Guerre mondiale en évitant de renouveler les erreurs de 1918. Au lieu d'humilier et de réduire à néant le vaincu, l'Allemagne, nous avons choisi d'aller ensemble dans une même direction en créant la Communauté européenne. Il ne s'agissait pas d'oublier les atrocités vécues mais de les dépasser pour construire ensemble. L'un des promoteurs avec Jean Monet de ce projet, Georges Berthoin[7], me racontait combien il leur avait été difficile, au départ, d'avoir en face d'eux, leurs anciens ennemis. Cet homme avait été l'un des plus jeunes résistants de France et avait perdu nombre de ses camarades dans ce combat. Mais malgré les réactions presque physiques d'animosité qu'ils pouvaient tous ressentir, l'envie de dépassement vers une autre façon de fonctionner l'avait emportée. La conséquence de cette volonté de ne pas tomber dans la fatalité de l'histoire a été l'expérience de près de 70 ans de paix.

Il ne s'agit pas d'oublier, bien entendu, mais de s'autoriser à se détacher du passé, ce qui permet la création d'un futur différent. Cela implique de faire le tri dans

7 Ancien Résistant puis haut fonctionnaire français, Georges Berthoin (1925-2024) est une figure historique de la construction européenne (chef de cabinet de Jean Monnet à la CECA, puis Haut Représentant de la CEE). Il a été président du Mouvement européen et de la Commission Trilatérale.

nos perceptions et nos croyances pour construire un monde différent, en nous comme autour de nous, d'observer nos égos et la souffrance collective qui les nourrit pour ne pas s'identifier à cette partie sombre, tout en acceptant de la regarder.

Sortir du nationalisme exacerbé

Travailler sur les égos, sortir de ce besoin de toute-puissance, aurait, sur un plan collectif, des conséquences considérables. Ce serait, peut-être, la fin de cette course invraisemblable entre pays, entre peuples où chacun cherche à dominer, à utiliser, à être plus fort économiquement et militairement, à prendre le pouvoir sur d'autres nations avec, à la clé, le retour des conflits. Ces répétitions de scénarios sont tristes et désespérantes parce que vaines. Tant que le pouvoir fascine, les dirigeants qui l'incarnent restent attirants. Tant que les égos sont stimulés, le choix de dirigeants forts sera omniprésent avec les possibles dérives d'autoritarisme qui l'accompagnent.

Passer du Moi – notre identité – qui est, notamment, constituée de tout ce qui nous différencie, comme nos croyances, pour aller vers notre Soi – le retour à l'universalité – est le passage qui nous permettrait de passer de l'égo à l'unité.

L'égo n'est pas négatif en soi, sauf lorsqu'il est exacerbé car, dès lors, c'est l'individualisme et l'égoïsme qui priment. Les relations internationales sont le théâtre de ce mode de fonctionnement. Être à même de voir la souffrance, les humiliations des autres peuples et pas seulement du sien, restaure l'humanité en mettant en avant l'altérité, la fraternité. Pierre Hassner[8], l'un des penseurs les plus brillants dans l'étude de la violence et de la guerre, écrivait :

> « Sans verser dans un discours moralisant ou religieux, il me semble qu'il faut faire une place à la solidarité et à la compassion (ce que Rousseau appelle "la répugnance à faire souffrir"). Si nous n'avons pas, à des degrés divers, le sens de la fraternité, un monde purement d'intérêts comme un monde purement d'identités ne peut pas fonctionner. Comment traduire cette exigence éthique qui peut devenir une formule un peu trop générale et creuse ? Par l'imagination morale, c'est-à-dire la possibilité de se mettre en imagination à la place d'autrui.[9] »

Certaines façons de fonctionner entre pays devraient être, ainsi, évitées : l'ingérence, le besoin d'imposer à l'autre ce que l'on pense être la vérité, l'humiliation, le manque de reconnaissance et d'écoute de sa spécificité, l'enfermement dans la notion de victime ou, inversement, de grandeur, le manque de respect, la domination et l'écrasement de l'autre. Le cas échéant, on retourne sur les mêmes chemins de haine et de conflits éventuels dans le temps.

De la même façon, penser avoir raison et que l'autre a tort, imaginer que n'existe qu'une vérité, voir les autres peuples qu'à travers les croyances propres à chaque culture sans tenir compte des fonctionnements

8 Professeur et chercheur en philosophie politique au Centre d'études et de recherches internationales (CERI).

9 Pierre Hassner, *La revanche des passions – Métamorphoses de la violence et crises du politique*, Fayard, 2015.

spécifiques, constituent des ferments de haine. J'ai retrouvé ces propos de mon ami Pierre Rabhi, dans *Psychologie Magazine*[10] :

> « Ce qui est absolument fondamental pour moi, c'est d'éviter de blesser les autres de quelque manière que ce soit. Cela ne signifie pas que je doive être complaisant avec mes idées. Mais on peut défendre ses convictions avec force en conservant le respect de son interlocuteur. Je serais mortifié qu'une personne quitte la salle en se sentant mise en accusation par mes propos. Qui peut se dire exempt de toute erreur ? Je ne voudrais pas donner le sentiment que je suis dans le vrai et pas les autres [...] »

Pourquoi ne pas prendre en compte, sur un plan collectif, cette façon de fonctionner ?

Développer l'écoute et le respect

Tant de différends naissent de l'incompréhension et de l'interprétation des évènements. Sortir du « j'ai raison, il a tort » pour écouter et entendre les points de vue avec respect et humanité, la confiance est à cette aune mais elle est souvent absente des relations internationales. Tant que la politique étrangère est envisagée comme la défense des intérêts spécifiques des États sans se soucier des autres, cela ne fonctionne pas. Les problématiques sont pourtant devenues mondiales : les épidémies, la crise environnementale, le terrorisme, etc. Tout nous porte à envisager les sujets de façon universelle, globale.

Plus grande est la participation aux jugements, aux condamnations, aux manipulations par la peur, plus

10 *Psychologie Magazine*, n° 306, avril 2011.

l'énergie collective correspondante est sombre et a des conséquences sur la vie de tous. Qu'il existe des enjeux de pouvoir et de domination c'est évident, mais adopter la vision manichéenne des «bons et des méchants» accentue encore le phénomène. Rien n'est totalement blanc ou noir.

La puissance ne consiste pas à avoir une influence sur ce qui se passe à l'autre bout de la terre mais bien plutôt sur ce qui dépend de nous, sur quoi nous avons prise, et c'est déjà énorme. Si nous tenons à cela, nous devenons des piliers dont la présence rassure et sécurise les pays proches, et nous évitons d'amplifier des phénomènes d'incompréhension qui ne peuvent que conduire à la haine et au conflit.

Inclure le cœur et relativiser la toute-puissance de l'esprit

En France, comme dans beaucoup de pays occidentaux, l'esprit et l'intelligence sont jugés supérieurs aux perceptions, à la sensibilité, au corps… au cœur parfois aussi. Et si c'était l'inverse ? Et si l'une des clés consistait, notamment, à revenir dans le corps, à écouter les perceptions, les ressentis, à sentir et expérimenter la vie dans l'instant. Les corps savent mieux que l'intelligence ce qui est bon pour l'être humain. Le corps a une intelligence directement reliée à notre essence, dans notre physiologie même. Ce que l'on nomme les *chakras* dans certaines croyances sont des centres énergétiques fondamentaux qui correspondent aux centres hormonaux. Les surrénales, les gonades, le thymus, la thyroïde, l'hypophyse, tous ces centres sont au cœur de notre équilibre et fonctionnent tous seuls. Nous n'avons pas besoin d'y réfléchir pour que notre cœur batte, nos poumons respirent, notre estomac digère. Nous percevons le monde à travers nos sens. Ce sont eux qui nous donnent des perceptions, des sensations ; qui nous mettent en lien avec les autres, avec le monde. Ce sont eux qui nous font aimer la vie. Leur rôle est essentiel et nous avons tendance à les oublier à force d'habiter notre esprit et lui seulement. Il prend de plus en plus de place, d'espace, de temps, d'énergie et nous en oublions de vivre. La rumination de l'esprit a cela d'implacable qu'elle ne s'arrête jamais. Bien au contraire, plus l'esprit est encombré, plus nous voyons de problèmes, de difficultés, d'impossibilités. L'intelligence a des limites qui sont liées à une pensée en boucle : elle tourne dans notre tête comme une petite souris dans sa cage. On n'en sort pas. Et comme la pensée est fondatrice, nous matérialisons tout ce que nous sommes en train d'imaginer. Si je suis dans le doute, je continue indéfiniment dans cette lancée. Je ne vois plus d'issue. La vie n'est plus là, la créativité non plus ! Parce que, pour créer, je dois être serein et relié à moi-même. À ce moment-là, je fais fonctionner mon cerveau droit, l'intuition, et je sors des chemins battus. Sinon, je répète les schémas habituels.

Se libérer du jugement

Sur un plan collectif, nous aurions beaucoup à apprendre de ce mode de fonctionnement ! Le rôle dans la formation d'une société déséquilibrée, de l'éducation des élites où priment l'intellect et la compétition – donc le jugement –, est fondamental. Brillants, appartenant à une aristocratie éminemment intellectuelle, ils savent, apprennent, sont érudits et c'est magnifique. Mais la créativité existe peu ! On reproduit ce qui a été, or ce dont nous avons besoin aujourd'hui, c'est de sortir de ces chemins parce qu'ils nous ont conduits dans le mur. Le mur de nous-mêmes, le mur de l'environnement, le mur social, le mur intérieur.

L'un des éléments destructeurs venant de notre inconscient collectif est le jugement. En France particulièrement, il constitue l'un des pires ennemis parce qu'il entraîne vers le « sombre ». Mes pensées étant créatrices, si je critique et que je juge, mon énergie s'alourdit, j'entre dans le négativisme et j'attire des évènements négatifs qui génèrent en moi des émotions de plus en plus négatives et destructrices.

Sur un plan collectif, ce sujet devient dominant. Comment faire en sorte que nous apprenions à ne pas juger ? Alors que depuis notre plus jeune âge nous sommes jugés sans cesse et nous nous jugeons nous-mêmes ! Comment sortir du négativisme ainsi créé, et dont nous abreuvent les médias au lieu de mettre l'accent sur le positif. Nos universités et écoles soulignent nos erreurs et nos manques au lieu d'insister sur les réussites et les talents. Sans parler de la peur de l'échec ! Au lieu de considérer celui-ci comme un merveilleux apprentissage, il reste un point de non-retour, même si des voix de plus en plus nombreuses s'élèvent aujourd'hui pour transformer cette vision. Libérer l'inconscient collectif du jugement pourrait être une issue. Nos élites seraient sans doute plus humaines, davantage dans la compassion parce qu'elles auraient droit à l'échec et que, grâce à lui, elles disposeraient d'une réelle expérience humaine. Toute une conception de ce qu'est l'élite, de la façon dont elle est formée, de son rôle véritable et de sa place dans la société, pourrait être changée. Les dirigeants seraient d'ailleurs bien différents s'ils acceptaient de faire un travail sur eux-mêmes et sur leur histoire personnelle, s'ils pouvaient accepter leurs faiblesses sans être amenés sans cesse à montrer qu'ils sont forts et capables de surmonter les pires ignominies, s'ils pouvaient sortir de la toute-puissance et éviter les égos qui enflent fatalement dans ces conditions. Toute cette atmosphère délétère véhiculée par le pouvoir – ou la sensation de pouvoir – mais aussi confortée par la perception qu'en a la population – ou l'envie qu'elle a de percevoir la force –, mériterait que ces deux acteurs – dirigeants et peuple – fassent un pas l'un vers l'autre pour sortir de situations malsaines et injustes. Nous y gagnerions beaucoup je crois, pas seulement en France mais dans le monde !

Sortir par le haut des crises voudrait dire dépasser ce besoin de retour identitaire et de sécurité permanent afin d'accéder à notre essence spirituelle. L'humanité ne cesse d'évoluer avec des hauts et des bas. Lâcher le passé pour aller vers une gestion et une vision universelle des problématiques serait un bond en avant phénoménal. Les différentes crises, tant environnementales que sécuritaires, nous y invitent. Apprendre à voir le monde comme un Tout interconnecté au sein duquel chaque action a un impact sur ce Tout serait un pas vers la solidarité et la paix. «Je suis en sécurité parce que tu es en sécurité», «je suis parce que nous sommes». C'est aussi cela l'être humain, un être spirituel venu faire une expérience terrestre qui a oublié qui il était vraiment. Y revenir pourrait être une façon de revenir à notre lumière ainsi qu'à notre essence.

Cela impliquerait de sortir des besoins de sécurité illimités, dictés par nos peurs, mais aussi sortir de la toute-puissance et de ces égos collectifs qui la recherchent, pour, au contraire, créer l'entraide indispensable à la sécurité de tous, reconnaitre notre humanité commune, notre égalité, nos différences et les entendre pour les respecter tout en posant des limites fermes si nécessaire.

Passer de la survie à la vie, de la compétition à la coopération, de la recherche de sécurité pour son pays, à la recherche de sécurité pour tous parce qu'ainsi, nous assurons la nôtre propre. Passer en somme, à l'universel – en nous comme à l'extérieur de nous – parce qu'une loi fondamentale existe, «Tout est un et tout est conscience», qui se décline en différentes lois ayant toutes un impact sur tout ce qui est. Les connaitre et en tenir compte pourrait être un moyen de sortir des scénarios de répétition collectif afin de créer un futur davantage empreint de solidarité. Quelles sont-elles et comment en tenir compte?

6. Concevoir les relations internationales comme un tout

Chaque action entreprise produit un effet qui se répercute dans l'univers. «Je récolte ce que je sème.» Je sème l'humiliation et l'injustice, je récolte les fruits de cette politique. Je sème la violence et la peur, je récolterai la violence et la peur. Je prends, je fais de l'ingérence, je tue, je m'approprie... Tôt ou tard, je percevrais les conséquences de ces actes. Les relations internationales sont le terrain privilégié de l'expérimentation de cette loi. Nous la vivons sans en comprendre le sens. L'expérience du présent est interprétée, inconsciemment le plus souvent, à la lumière d'un passé traumatisant plutôt que comme une opportunité d'évolution. Les évènements sont souvent analysés à partir du prisme et des croyances de chacun des pays, en omettant de comprendre les réactions et positions des autres mais aussi sans tenir compte des conséquences des actions sur le reste du monde. Cette incapacité à se mettre à la place des autres suscite souvent la violence : ne se sentant ni compris, ni entendu, les peuples, ou plutôt les dirigeants qu'ils choisissent, réagissent parfois violemment, pour se faire respecter. Comment faire évoluer cet état de fait?

A – Tout est Un et tout est conscience, nous ne sommes pas séparés

Et si tout était conscience, en nous comme à l'extérieur de nous? Nous avons oublié que la conscience est la substance sous-jacente de l'Univers tout entier et que nous participons de cette conscience. Tout est interconnecté et tout est énergie. Les cellules sont des ensembles d'atomes, les atomes un ensemble d'électrons et de nucléons (protons et neutrons), les électrons et les nucléons sont «composés» de quarks et d'onde/énergie. Toute énergie est une extension d'une source d'énergie. Nous faisons partie d'un tout plus vaste et chaque action ou pensée influence l'ensemble. Cette loi est équivalente à l'«effet papillon» découvert par le scientifique Edward Lorenz[1]. L'effet papillon est le concept selon lequel les petites causes peuvent avoir de grands effets. Qu'à chaque instant de notre vie, nous influençons l'ensemble de l'univers. Nous sommes des microcosmes du macrocosme, des extensions d'une même source.

Le haut et le bas sont sur le même plan, le dedans comme le dehors également. Cela signifie qu'il y a harmonie, accord et correspondance entre les plans

1 Edward Norton Lorenz (1917-2008) est un scientifique américain ayant travaillé sur les extrêmes sensibilités météorologiques. En 1972, il présenta ses conclusions au 139e congrès de l'Association américaine pour le progrès des sciences: « *Le battement d'ailes d'un papillon au Brésil peut-il déclencher une tornade au Texas ?* »

physique, mental et spirituel. En d'autres termes, il n'y a pas de séparation puisque tout, y compris soi-même, est conscience, à l'intérieur de nous comme à l'extérieur et que cette conscience est dans tout. Tenir compte de la globalité du monde tout en respectant nos spécificités est la clé. Tout a un impact sur tout. Marc Aurèle écrivait : « Représente-toi l'univers comme un être unique et une âme unique, considère comment tout contribue à la cause de tout et de quelle manière les choses sont fixées, enroulées ensemble[2]. » Cette loi invite à cultiver l'harmonie avec soi-même et les autres pour que l'équilibre de l'ensemble se mette en place.

Selon ce principe, considérer la politique extérieure des pays comme l'intérêt bien compris des États, en tirant profit de toutes les situations possibles, crée, de fait, les potentialités de déséquilibre puisqu'il s'agit de la poursuite d'un seul intérêt sans avoir à l'esprit ses conséquences sur le reste du monde. Nous introduisons, dès lors, une division là où l'unité existe. Au lieu d'envisager les situations de façon systémique – et en intégrant ce dont elles sont le révélateur sur un plan collectif puisque tout est un – chaque pays cherche sans cesse à tirer la couverture à lui au lieu de regarder l'intérêt général. Le principe du « Tout est un » montre que ce que je fais subir aux autres me reviendra, comme un boomerang, à un moment donné ou à un autre puisque tout est interconnecté. Je vais vivre la logique dans laquelle je suis entrée jusqu'à ses conséquences ultimes. Des déséquilibres en chaîne sont alors

2 Extrait de *Pensées pour moi-même*, série de réflexions rédigées en grec entre 170 et 180 par l'empereur et philosophe romain Marc Aurèle (120-180).

introduits qui auront, chacun, une répercussion sur l'ensemble de la planète.

Prendre en compte ce lien fondamental existant entre tout ce qui est permettrait de changer radicalement notre vision de la politique tant intérieure qu'extérieure. Voir les problématiques dans leur ensemble, d'une façon systémique, pourrait changer notre regard sur ce que l'on envisage comme étant «notre intérêt», «notre grandeur» en les ouvrant sur la notion d'intérêt général, nous avons par conséquent, collectivement, «intérêt» à coopérer et à être attentifs les uns aux autres.

Richard Tarnas[3] écrivait:

> «L'évolution de la mentalité occidentale a été impulsée par un effort héroïque pour forger un être humain autonome et rationnel en le séparant de l'unité primordiale avec la nature. Les perspectives religieuses, scientifiques et philosophiques de la culture occidentale ont été affectées par cette masculinité décisive, débutant il y a quatre millénaires avant la grande conquête patriarcale des nomades, en Grèce et au Levant, des anciennes cultures matrifocales, conquêtes manifestes dans la religion patriarcale de l'Occident, du Judaïsme, dans la philosophie rationaliste de la Grèce et dans la science objectiviste de l'Europe moderne. Toutes ont servi la cause du développement de la volonté et de l'intellect autonome humain: le moi transcendant, l'égo individuel indépendant et l'être humain autodéterminé dans son unicité, sa différence et sa liberté. Mais pour ce faire, l'esprit masculin a réprimé le féminin. Qu'on le voie dans la subjugation des mythologies matrifocales préhelléniques de la Grèce antique, dans le déni judéo-chrétien de la Déesse Mère, ou dans l'exaltation de l'égo rationnel détaché et auto-conscient du siècle des Lumières, un égo qui est radicalement séparé d'une nature

3 Historien de la culture et professeur de philosophie et psychologie au California Institute of Integral Studies de San Francisco.

extérieure désenchantée, l'évolution de la pensée occidentale a été fondée sur la répression du féminin, sur la répression de la conscience unitaire indifférenciée, de la participation mystique avec la nature : un déni progressif de l'*Anima mundi*, de l'âme du monde, de la communauté de l'être, du tout imprégné, du mystère et de l'ambigüité, de l'imagination, de l'émotion, de l'instinct, du corps, de la nature, de la femme, de tout ce en quoi le masculin s'est projeté en l'identifiant comme "autre"[4]. »

L'âme du monde unit les différents peuples, chacun d'eux apportant des nuances, des différences, une essence unique qui se différencie en des façons d'être particulières. Revenir à cette perception du « Tout est conscience et Tout est Un » nous permettrait de revenir à l'harmonie de l'univers où tout a une place et une raison d'être et où tout s'articule naturellement. La notion même d'unité est à cette aune puisqu'il s'agirait de prendre en compte, en même temps, les spécificités des peuples (le local) ainsi que le global, le bien commun. L'un ne va pas sans l'autre, unité et unicité ne font qu'un.

J'écoutais une conférence autour des Kogis de Colombie, ce peuple installé dans la Sierra Nevada de Santa Marta, au nord de la Colombie, perpétue ses traditions, de façon orale, depuis des siècles. Ils sont venus en France pour entamer un dialogue sur la nature avec une dizaine de scientifiques français et croiser leurs expertises. On leur a fait visiter un lieu resté relativement sauvage dans la Drome. Parvenus à un puits, ils étaient consternés

4 Richard Tarnas, *The Passion of the Western Mind : Understanding the ideas that have shaped Our World View*, New York, Ballantine Books, 1991.

de remarquer que celui-ci avait été soigneusement entouré de barbelés afin d'en réserver l'usage aux habitants d'un village vivant en dessous. La réaction immédiate des Kogis avait été forte : comment pouvait-on priver d'eau les autres habitants de la terre, c'est-à-dire, notamment, les animaux ? Ce faisant, et selon eux, on n'agissait pas seulement de façon égoïste mais, à terme, on allait provoquer des catastrophes puisque les animaux mourant, les éléments permettant la fertilisation de la terre et la vie même de la source, s'éteindraient. La philosophie des Kogis est de considérer les choses dans leur ensemble, comme un Tout relié et dans lequel chaque chose a sa place. Implanter, construire, créer ne peut pas se faire sans envisager les conséquences sur l'ensemble des règnes qui constituent le monde : minéral, végétal, animal, humain. Chacun d'eux a sa place et son rôle, essentiels au bon fonctionnement de ce Tout parce que tout est relié. Les Kogis ont une vision holistique du monde.

Par rapport à leurs réactions et analyses, il était intéressant de constater que les scientifiques occidentaux en arrivaient aux mêmes conclusions sur les mesures à mettre en œuvre localement pour que l'eau soit préservée, pour que la terre soit vivifiée et ainsi de suite, mais en partant de chemins bien différents. Considérer ce point de vue relativise beaucoup de choses et permet de revenir au concept clé d'unité, de coopération. Si je vois, comme les Kogis, la vie dans tout ce qui est, en considérant que tout a une conscience et forme un même corps, la terre comme les plantes, les animaux, les rochers, je n'agis plus de façon égoïste parce que je sais que j'en subirais également les conséquences. Nos actions ont des répercussions à plus ou moins long terme.

« Passer par le haut » pour aller vers le meilleur des peuples, leur Soi, suppose que nous revenions à nos sources en réintégrant la partie irrationnelle, magique, mystérieuse, spirituelle de notre essence. Parce que les peuples, comme tous les règnes existant sur notre planète, font partie d'un même corps. Le « concert des nations » n'est pas une appellation par hasard, chacun apporte une touche essentielle pour que l'ensemble fonctionne. S'éloigner de cette quête d'harmonie en allant vers toujours davantage de rationalité, de complexité, de création de concepts et d'abstraction mentale, a pour conséquence de nous écarter de notre véritable nature. « Passer par le haut » veut dire revenir à notre source sacrée.

L'engouement que suscitent aujourd'hui les peuples premiers va dans ce sens. Revenir à nos sources, c'est-à-dire à notre lien sacré au vivant et à tout ce qui est, me semble fondamental. Les différences culturelles sont autant de croyances favorisant la spécificité indispensable, mais il ne faut pas oublier ce qui nous relie qui est tout aussi important que notre spécificité. Sinon, on ne devient attentif qu'à nos différences et on s'enferme dedans. On ne voit que soi.

Cette posture entraîne une forme de narcissisme qui donne l'impression d'être seuls dans ce monde et surtout au centre de tout. S'imposent, dès lors, l'égoïsme et le chacun pour soi, le besoin d'écraser l'autre peuple pour exister, l'avidité et le pillage de ses ressources, l'annexion de son territoire pour se sentir en sécurité. Tant que nous restons dans ce mental conquérant et dominateur, nous expérimentons la survie et non la vie. Impossible d'en sortir sans revenir à l'universalité, à nos racines essentielles, car notre essence est là, et notre puissance aussi.

Dans ses *Pensées*, Marc Aurèle écrivait :

> « Toutes choses s'enchaînent entre elles, et leur connexion est sacrée ; aucune peut-on dire n'est étrangère aux autres, car toutes ont été ordonnées ensemble et contribuent ensemble au bel ordre du même monde. » Et l'empereur-philosophe de rajouter : « Rien n'est mal qui est selon la nature. [...] Fouille au-dedans. C'est en dedans qu'est la source du bien et elle peut jaillir sans cesse si tu fouilles toujours.[5] »

Dans nos sociétés, nous avons oublié le sacré et nous l'avons, parfois, remplacé par la morale, et le jugement qui l'accompagne. Ma culture est meilleure que la tienne, mes croyances sont plus belles, ma religion est la seule véritable, mon peuple est le seul qui a souffert, ce que mon peuple a vécu est ce qui existe de plus épouvantable, mon peuple est ou a été la pire victime de l'histoire, etc. Ces jugements nous confortent dans l'idée que nous avons le droit de demander plus, de montrer combien nous devons être entendus sur le plan international, de dire que nous avons un droit à réparations... qui ne sont jamais suffisantes, etc. Ce passé envahissant nous donne une raison d'être et de vivre, et surtout de nous battre et de légitimer des actions qui ne sont

5 *Ibid.*, note 2.

pas excusables. Les exemples sont malheureusement nombreux sur le plan international.

La méconnaissance de la conscience et de l'unité amène à faire des erreurs, à tracer des voies toutes faites pour nous faire entrer dans un système qui réclame notre force de travail, et dont le « toujours plus » conduit à l'épuisement des ressources de la terre… ainsi qu'à notre épuisement. Il en va de même de la façon d'envisager les animaux. Eux aussi ont une conscience, une capacité à ressentir sans toujours pouvoir l'exprimer. Les exterminer peu à peu revient à nous exterminer.

Les liens sont là, dans nos cœurs et nos consciences, il nous appartient de choisir de les contacter. Changer de regard collectivement sur le vivant pourrait faire la différence en l'envisageant comme une conscience plutôt que comme un objet. L'une des disciples de Carl Gustav Jung, Marie-Louise von Franz[6], parlait de notre attitude « adolescente » vis-à-vis de la nature. Adolescente tant que nous cherchons à tirer profit d'elle, quelles qu'en soient les conséquences. Éduquer les jeunes enfants, dès leur plus jeune âge, dans ce lien au vivant en s'y immergeant, en leur apprenant à le respecter parce que c'est l'un des moyens de se respecter, à comprendre son fonctionnement et l'incroyable intrication de tous les éléments qui le constituent – y compris nous, les êtres

6 Marie-Louise von Franz (1915-1998) est une psychanalyste suisse, cofondatrice de la psychologie analytique (jungienne), mouvement qui se propose de faire l'investigation de l'inconscient et de l'« âme », c'est-à-dire de la psyché individuelle. Elle a collaboré avec C. G. Jung de 1933 à la mort de ce dernier en 1961.

humains –, favoriserait ce nouveau regard essentiel à notre survie, parce qu'essentiel à la vie sur notre terre.

« Tout est un et tout est conscience. » Sur un plan collectif, l'interdépendance entre les pays prend un sens différent avec cette loi. Il ne s'agit pas uniquement des relations et connexions économiques mais, bien davantage, de ces liens invisibles, existants bien qu'oubliés. Il ne s'agit pas d'imposer, « il faut », « on doit », mais bien plutôt d'accepter de regarder la vie internationale comme un Tout afin d'être à même d'en respecter chacun des éléments parce qu'ils sont consubstantiellement reliés.

B – Les lois universelles utiles pour appréhender autrement les relations internationales

Dans les relations entre États, nous sommes en interactions permanentes bien entendu, avec les conséquences tant positives que négatives que cela engendre. La difficulté vient du fait que, sur un plan collectif notamment, la politique tant des pays qu'au niveau international, la vision d'ensemble, n'existe pas. Chacun des États fonctionne en regardant les autres pays au mieux comme des partenaires commerciaux, au pire comme des potentialités à exploiter afin de se renforcer, voire comme des ennemis. Le « chacun pour soi » demeure en éludant les conséquences des actions mises en œuvre ainsi que leurs répercussions sur les autres pays, et donc sur l'ensemble du monde. Il existe certains principes universels, que de nombreuses traditions spirituelles et philosophiques considèrent comme fondamentaux, qui régissent l'organisation du vivant auquel les êtres humains appartiennent. Peut-être que se permettre de les entendre et de les comprendre sur un plan collectif favoriserait un changement d'attitude dans les relations internationales ?

La loi de cause à effet

Toute cause a son effet et tout effet a sa cause. Rien ne se produit par hasard ou en dehors des lois universelles. Nos croyances, nos pensées sur nous-mêmes, les autres et la vie ainsi que notre état mental général mettent en mouvement des causes spécifiques qui se matérialisent au fil du temps par des effets correspondants dans notre monde extérieur. Toute action engendre une réaction ou une conséquence : « Je récolte ce que je sème. »

Dans la mesure où un État humilie, exploite, écrase un autre pays, à un moment donné et sur un plan collectif, il expérimentera le retour de bâton correspondant. Lorsqu'un pays ou une région du monde fait de l'ingérence, s'approprie les richesses d'un autre, le maltraite, il devra assumer les conséquences du déséquilibre engendré jusqu'à ce qu'il change de manière de fonctionner.

À l'inverse, cette même loi de cause à effet stipule également que l'on reçoit les bénédictions et l'abondance qu'on accorde aux autres. Les fréquences d'énergie positive attireront plus de fréquences d'énergie positive. Ce que l'on fait de positif autour de nous retourne vers nous sous différentes formes avec la même énergie que celle qui a été donnée. Imaginez ce que cela impliquerait, si les États prenaient conscience de cette loi et la respectaient. Cela engendrerait des cercles vertueux au lieu de semer la guerre et les conflits. Les exemples de cet ordre existent à travers l'histoire, peut-être que les mettre en exergue pourrait constituer des modèles à suivre. Tendre la main à des pays, à des moments particulièrement sombres de leur histoire, au lieu de profiter de leur vulnérabilité, pourrait être un chemin de paix.

Dans l'Antiquité, Alexandre le Grand, après sa victoire sur Babylone, respecte les traditions religieuses locales, restaure les temples et se présente comme continuateur des rois mésopotamiens ; il gagne ainsi la loyauté des élites et la stabilité de l'Empire. Henri IV, après les guerres de religion sanglantes en France et sa conversion, accorde aux protestants la liberté de culte dans certaines villes ; il obtient, de ce fait, la relative pacification religieuse et le redémarrage économique du pays. Plus récemment, Nelson Mandela, plutôt que de chercher la vengeance après l'apartheid et son emprisonnement pendant 27 ans, prône la réconciliation avec les Blancs d'Afrique du Sud ; il évite ainsi une guerre civile. Enfin, nous l'avons vu, après la Seconde Guerre mondiale, les dirigeants européens ont cherché à ne pas reproduire le scénario qui s'était mis en place après la Première Guerre mondiale et qui a abouti à l'humiliation de l'Allemagne, en proposant de créer ensemble la Communauté européenne par le traité de Rome de 1957 ; le résultat a été la paix en Europe pendant 70 ans.

La loi de l'attraction

Nous attirons des choses, des personnes et des circonstances dans notre vie. Sur le plan mental, nos pensées, émotions, mots et actions produisent des énergies qui, en retour, attirent vers nous des énergies semblables. Les énergies négatives attirent les énergies négatives, les énergies positives attirent les énergies positives. Tout bouge, la vie est mouvement permanent. L'univers entier n'est qu'une vibration. La science moderne le met en exergue, déclarant que tout, y compris soi-même, a une fréquence de vibration particulière permettant à des systèmes vibrant à la même fréquence d'entrer en résonance. Plus la fréquence est haute, plus l'énergie est importante. Plus je suis positif et dans la gratitude, plus mon énergie va être belle et légère, rayonnante, plus je vais attirer des situations positives, des personnes qui sont sur la même vibration. C'est ce que nous avons coutume d'appeler « être sur la même longueur d'onde ». On émane et on vibre à un certain niveau et notre réalité – ce que l'on vit – est en lien avec cette énergie.

Puisque nous pouvons choisir consciemment nos pensées, nous pouvons augmenter le taux de vibration de notre fréquence mentale. Pour cela en adoptant des pensées plus positives et de fréquence plus élevée. En apprenant à maîtriser nos pensées en choisissant ce sur quoi nous nous concentrons, ce que nous imaginons, ce que nous supposons et la façon dont nous réagissons émotionnellement aux circonstances extérieures, nous transformons notre réalité intérieure et extérieure. À l'inverse, si nous permettons à notre monde extérieur de déterminer la fréquence de notre monde intérieur, nous risquons de voir une matérialisation sans fin de nos pires scénarios.

Sur un plan collectif, généralement, le négativisme et le jugement, le pessimisme peuvent l'emporter sur le positif, poussant au découragement. Les images en boucle des horribles conflits à l'œuvre dans le monde à l'heure actuelle, associées aux explications journalistiques sur fond de drames et de terreur, même si ces situations existent, renforcent sans cesse notre perception subjective d'une humanité à bout de souffle et devenue inhumaine. La vision catastrophique de l'effondrement de l'environnement, même si ce n'est en rien un leurre, aggrave cette perception d'un monde jugé dangereux et bientôt invivable. Tout pousse à l'impuissance et au découragement, à la méfiance et au défaitisme. Et plus nous suivons ce chemin, plus les situations correspondantes se renforcent et plus nous contribuons à en créer de nouvelles négatives.

De plus, à partir du moment où le jugement intervient, avec sa définition des « bons et des méchants » et la condamnation qui l'accompagne souvent, nous participons à la fois à l'abaissement général du niveau de conscience collective et à l'activation d'une énergie psychique déstabilisante. L'attention portée à ce sur quoi nous mettons l'accent ainsi qu'à nos pensées et nos émotions, est fondamentale. Elle est tout, sauf sans conséquence.

Or, sur quoi nous concentrons-nous collectivement aujourd'hui ? La guerre, les problèmes migratoires, le pouvoir d'achat, le ralentissement économique, la violence, les questions d'environnement... autant de crises abordées, le plus souvent, sous l'angle de l'impuissance, du négativisme, du pessimisme. Nous imaginons déjà le pire et, même si ces situations existent évidemment, nous renforçons leur impact négatif au lieu de chercher la façon de les contrecarrer. Notre énergie collective est davantage utilisée à mettre en avant les scénarios les plus sombres que de chercher à créer, collectivement, des possibilités d'évolution positive de sortie de ces crises, même si de plus en plus de personnes s'impliquent pour faire bouger les lignes. Où portons-nous nos efforts ? Quelle construction collective cherchons-nous à promouvoir ? Quelles sont les initiatives qui permettraient d'aller dans une direction différente et qui seraient suivies par suffisamment de personnes pour qu'elles puissent prendre corps ? On fait grandir ce que l'on regarde. Que proposent les dirigeants ? Comment faire progresser la concertation en lieu et place de l'affrontement ? Comment proposer un récit commun et le construire ensemble ?

Cette loi de l'attraction nous permet de comprendre l'état de notre monde physique extérieur en observant notre monde intérieur. À partir du moment où, collectivement, nous entrons dans la peur et la haine, nous créons la réalité qu'elles engendrent. En étant nombreux à le vivre émotionnellement, nous décuplons la puissance de cette énergie psychique qui, dès lors, va chercher un théâtre d'expression pour l'ensemble de ces sentiments. Ce faisant, cette énergie psychique va engendrer son corollaire dans d'autres pays, et les conflits risquent de devenir l'exutoire indispensable de nos passions collectives destructrices. À l'inverse, en persistant dans nos pensées, sentiments, suppositions et imaginations de la vie que nous souhaitons vivre, le monde extérieur suivra avec le temps.

Notre intention est fondamentale : est-ce que je souhaite profiter des situations et d'autrui ? J'expérimenterai alors cet objectif jusqu'à son point culminant et le retournement inévitable qu'elle suscitera. Est-ce que ma démarche s'inscrit dans une notion de bien commun ? Dès lors, plus le collectif qui sera porteur de cette intention sera nombreux, plus son impact sera important et plus le monde pourra vivre cet état. Plus nous nous mettons en chemin pour accéder à l'unité intérieure et à l'élévation de nos consciences, plus nous favoriserons le changement de paradigme et la façon d'être au monde.

En utilisant la *visualisation créatrice*[7], ou d'autres techniques de manifestation, ce que nous voulons créer sur le plan physique est d'abord créé sur le plan mental, invisible : avec de la persévérance, de la pratique et une imagination concentrée et continue, le résultat se manifestera également sur le plan physique. En d'autres termes, tout ce qui est créé sur le plan spirituel est à terme projeté

7 La visualisation créatrice est développée par le docteur Carl Simonton (1942-2009) vers les années 1970. Elle est fondée sur le principe d'utiliser l'imagination comme un outil actif à des fins thérapeutiques ou sportives.

sur le plan physique. Tout ce que nous imaginons prend forme dans l'invisible avant de se concrétiser.

D'ailleurs, dans certains groupes de la Fresque du climat[8], les responsables utilisent cette technique de visualisation collective pour dessiner l'environnement souhaité de demain. En l'envisageant ensemble d'une manière claire et précise, ils entrent dans ce processus de création collective puissant et donc de capacité de mise en œuvre. De la même façon, la possibilité de construire un récit collectif, dans lequel chacun accepte de s'inscrire, permet de lancer une intention commune forte qui engendrera l'énergie créatrice correspondante.

Ce serait une piste magnifique que de dessiner un futur collectif souhaitable et d'être nombreux à l'imaginer et à le visualiser en même temps, pas seulement sur les questions de l'environnement mais bien aussi sur les problématiques de société. Cyril Dion[9] et bien d'autres, au sein d'organisations comme La Bascule[10], l'ont compris et le mettent en œuvre. Ils proposent la création, dans un collectif, d'un récit différent de celui que nous avons construit jusqu'à présent afin de changer la réalité dans laquelle chacun vit. Ils expliquent que les récits

8 La Fresque du Climat est une association créée en décembre 2018 par Cédric Ringenbach qui encourage la diffusion rapide et à grande échelle d'une compréhension des enjeux climatiques par la pédagogie et l'expérience collaborative.

9 Écrivain, militant écologiste et réalisateur, auteur du film *Demain* (2015), coréalisé avec Mélanie Laurent.

10 Créé en 2019 à l'initiative de l'entrepreneur écologiste Maxime de Rostolan, La Bascule vise à construire un nouveau récit positif. L'association rassemble des projets coopératifs autonomes et propose des formations à la gouvernance partagée, la permaculture et la coopération.

ne sont pas seulement des outils pour comprendre le monde mais qu'ils sont également des leviers pour le changer. « L'imagination, en tant que force créatrice, doit être canalisée non seulement pour envisager des futurs alternatifs, mais aussi pour activer des transformations significatives dans le présent, écrit Cyril Dion. [...] Depuis la nuit des temps, chaque récit constitue une manière de partager sa subjectivité avec d'autres et raconte un fragment de la réalité. Lorsque certains récits deviennent dominants, alors, ils influencent profondément nos actions et nos attentes.[11] » Il insiste sur le fait que le récit proposé depuis des années est celui de la croissance économique incessante avec ses conséquences désastreuses sur l'environnement. Envisager de changer de récit permettrait de créer une nouvelle réalité. Imaginons ce que pourrait être notre futur commun si nous étions nombreux à visualiser et créer, à travers un récit international cette fois-ci, les changements que nous souhaiterions mettre en œuvre dans notre façon de fonctionner, de voir la vie et le monde !

Certaines organisations œuvrent ainsi à davantage de paix en proposant des méditations régulières à des personnes vivant dans toutes les parties du monde, pour envisager cette paix, de façon concrète. Il y a quelques années, à Washington, une équipe avait cherché à analyser l'influence de la méditation transcendantale et de la visualisation collective. Le niveau de violence avait singulièrement augmenté et ils demandèrent à 4000 personnes ayant une

11 Cyril Dion, *Petit manuel de résistance contemporaine*, Actes Sud, Domaine du possible, mai 2018.

grande expérience de la méditation de réaliser une expérience. L'idée était de méditer pendant six semaines dans la ville de Washington et de voir si cela pouvait influencer positivement l'ambiance sociale et réduire la criminalité ou la violence collective. Les organisateurs annoncèrent que durant les six semaines de l'expérience, la criminalité violente avait baissé de 23 % par rapport aux prévisions statistiques de la police. Même si cette expérience n'a pas été renouvelée dans d'autres villes afin d'être en mesure d'en identifier les résultats de manière scientifique, elle met néanmoins en exergue l'importance de la concentration d'un groupe sur un objectif positif.

Les répétitions de l'histoire ne sont pas un hasard. Elles nous rappellent que quelque chose dans notre façon d'appréhender la vie, les autres peuples et nous-mêmes dysfonctionne. Accepter de se remettre en question dans notre façon collective d'aborder le lien à nous-même, aux autres pays ainsi qu'au vivant, permettrait d'envisager notre responsabilité collective dans le bon fonctionnement de l'ensemble, c'est-à-dire de l'humanité. Chaque partie de cet ensemble participe du bon fonctionnement du tout. En revanche, plus l'accent est mis sur l'individualisme et le chacun pour soi, plus la distorsion se crée et s'amplifie. Revenir à la conscience de l'unité, donc à la gestion universelle du monde, est fondamental pour que l'harmonie des lois naturelles puisse se remettre en œuvre et permettre à chaque peuple de retrouver le meilleur de lui-même et non la caricature de sa partie sombre. Prendre et assumer la responsabilité que chacun des pays a dans l'équilibre du Tout changerait, je crois, la perspective de la vie ainsi que la vision de nous-même en tant qu'entité collective.

La loi de la polarité

Tout est double, tout a des pôles, tout a sa paire d'opposés. Les choses qui semblent être opposées ou contradictoires ne sont que les deux extrêmes d'une même chose. Par exemple, la chaleur et le froid semblent être opposés, mais en réalité, ce sont les deux degrés différents de ce que l'on appelle la température. Il en va de même pour tous les opposés. Les paires d'opposés que sont la haine et l'amour, la paix et la guerre, le positif ou le négatif, le bien ou le mal, la lumière ou l'obscurité, l'énergie et la matière… ne sont que des degrés variables de la même chose.

Nous pouvons transmuter nos émotions selon la même ligne de n'importe quelles paires d'opposés. De la haine à l'amour, de la peur au courage. En s'élevant au-dessus de nos émotions après les avoir acceptées et laisser s'exprimer, et en choisissant de nous concentrer sur les sentiments les plus élevés, nous élevons notre vibration et donc notre expérience correspondante. Ce sur quoi nous choisissons de nous concentrer se développera, s'étendra, tandis que son contraire disparaitra. Nous pouvons changer notre vibration pour attirer de l'énergie positive en cherchant le côté positif de toute situation.

Lorsque par exemple, nous faisons l'expérience d'extrêmes mentaux des deux côtés du spectre, qu'il s'agisse de peur, de panique, de surexcitation ou d'un sentiment d'obsession ou d'attachement, ils ont tendance à se concrétiser. Quand on calme son esprit afin que nos pensées, émotions, paroles, qui en découlent ne soient pas extrêmes, de cette façon l'oscillation d'un côté sera tellement mesurée que l'oscillation de l'autre côté sera imperceptible.

Sur un plan collectif existent des situations mues par des attitudes, des croyances, des sentiments d'impuissance ou de manque de respect, d'humiliations tapies dans nos inconscients collectifs et qui déterminent, à certains moments, des réactions et modes de fonctionnement... dysfonctionnant. Les analyser sous l'angle de la loi de la polarité favoriserait la compréhension plutôt que la condamnation et permettrait, peut-être, de trouver, ensemble, les sorties de crise. « Nous sommes meilleurs que notre violence. » Passer de la polarité du « Je » à la polarité de « l'autre » changerait la donne.

La loi du rythme

Tout vibre et bouge à un certain rythme. La nature est un champ rythmique spectaculaire. La Terre tourne autour d'elle-même et autour du soleil à un rythme précis. Les marées des océans ont un temps pour être hautes et un autre pour être basses. Des rythmes établissent les saisons, les cycles, les étapes de développement des êtres vivants. Cela signifie que toutes les choses, qu'elles soient visibles ou invisibles, oscillent entre les opposés grâce à cette loi du rythme. Cette loi se manifeste également dans l'essor et la chute des empires, dans les cycles économiques, dans nos succès et échecs personnels. Lorsque quelque chose atteint un point culminant, le retour en arrière commence presque imperceptiblement jusqu'à ce que tout mouvement vers l'avant ait été presque totalement inversé. Ensuite, le mouvement vers l'avant recommence et le processus se répète. Pour trouver l'équilibre, il est nécessaire d'apprendre à vivre en rythme avec ce changement, ce mouvement permanent. Il s'agit de prendre conscience de l'impermanence des choses en développant sa capacité d'acceptation et de résilience. Accepter cette Loi du rythme en évitant de s'attacher à ce qui va disparaître permettrait d'aller de l'avant en confiance. Cela signifie qu'il faut rechercher l'équilibre.

Par exemple, la montée actuelle des nationalismes/autoritarismes semble liée à une position conservatrice/réactionnaire du balancier par rapport à une civilisation mondiale qui est dans l'impasse. Les grandes civilisations meurent de cette incapacité à accepter le renouveau, que celui-ci soit interne ou externe. Actuellement, sur un plan collectif, quand certains pays veulent retrouver des périodes historiques vécues, pleines de grandeur, ils actionnent un mouvement réactif, contradictoire à la loi du rythme. Ils vont donc engendrer des résistances en interne comme en externe. C'est toujours contre-productif de revenir en arrière, à tout point de vue, ou de vouloir rester accrocher à des situations anciennes. Accepter n'est en rien du fatalisme mais bien plutôt une forme de sagesse.

L'évolution des sociétés ainsi que les crises identitaires de nombreux pays que nous observons nous amènent à analyser autrement les systèmes que nous avons construits (système international, système européen, démocraties). Tous sont en crise. Faire un pas de côté afin d'envisager comment les réformer, les adapter pour qu'ils fonctionnent mieux serait nécessaire. Or, un système est construit pour perdurer quoi qu'il arrive avec toutes les conséquences, à la fois positives (quelque chose de stable tient les sociétés) et négatives (obsolescence fonctionnelle, complexité bloquante). Trop statiques, incapables d'évoluer réellement – de par la lourdeur d'une réglementation notamment – ces systèmes deviennent inadaptés aux situations nouvelles, inefficaces, quasiment incapables de relever de nouveaux défis. Ils ne sont plus que des Surmoi tout puissants et asphyxiants.

Mais les réformer ne veut pas dire mettre des rustines provisoires. Il faudrait se permettre de sortir totalement des chemins battus pour créer de nouvelles institutions adaptées aux nouvelles façons de vivre ainsi qu'aux changements de société nécessaires ; cette voie serait positive. Les propositions de réforme du système européen ou international ne manquent pas mais elles partent souvent des mêmes bases historiques. Des questions fondamentales doivent être posées : quel souffle nous anime ? Vers quoi souhaitons-nous aller collectivement ? Quelle est notre intention, notre vision ? Quelle société souhaitons-nous construire demain ? Comment et vers quoi se projeter ensemble ? Pour, dans un deuxième temps, élaborer les moyens institutionnels d'y parvenir.

Regarder à la fois ce qui est en crise, en voie d'effondrement, et, en même temps, ce qui est en train d'apparaitre, d'émerger – un nouveau monde qui mettra son temps pour s'établir mais qui est déjà en construction – permettrait de ne pas tomber dans cette peur qui nous paralyse et nous fait aller dans n'importe quelle direction à partir du moment où est évoquée la question de la sécurité. Quelque chose est en train de sortir de terre et nous ne le voyons pas. Encore faut-il y croire et le regarder avec confiance. Plutôt que de verser sans cesse dans le pessimisme, regardons ce qui est en train d'advenir. La foi reste le cœur du processus. Si nous sommes nombreux à le voir et à y croire, ce nouveau monde émergera dans toute sa beauté. Si nous sommes nombreux à le porter dans nos cœurs, il adviendra, comme lorsqu'on utilise la visualisation collective pour créer des évènements positifs. Ensemble, notre force est décuplée, à partir du moment où nous regardons dans la même direction avec foi et bienveillance. C'est la clé de l'évolution : s'associer dans un même élan de cœur pour dessiner le nouveau chemin que nous souhaitons emprunter pour notre futur. Que souhaitons-nous être collectivement demain ? Quel modèle de société ? Quelle perspective ? Continuer dans le matérialisme ? Ou commencer à rééquilibrer nos modèles afin d'y réintroduire l'autre versant qui est son corollaire indispensable : le sacré, le mystère, l'invisible, la bienveillance, la relation à soi-même et donc la paix, la relation à l'autre et donc la coopération, la relation au vivant et donc le retour à nos racines et à l'essence de la vie ?

La vie est un terrain d'expérience tant individuel que collectif, et cette épreuve peut s'avérer bien douloureuse. À nous de savoir, avec le concours de notre puissance de création tant individuelle que collective, là où nous souhaitons aller pour éviter ces répétitions de scénarios, ces fatalités de l'histoire, que nous connaissons si bien et qui nous entraînent, chaque fois, sur des chemins escarpés et dangereux dont il est bien difficile de s'extirper. Le changement de paradigme est à cette aune. Sommes-nous prêts à entendre et à accompagner le mouvement qui est en cours ?

La loi de la croyance

Tout ce que nous croyons et acceptons comme vrai par nos pensées, nos émotions et nos convictions peut devenir notre réalité. Nous créons nos propres réalités en fonction de ce que nous croyons être vrai, y compris s'il s'agit d'une fausse croyance. C'est une façon de se confirmer nos croyances. C'est bien l'objet de ce livre : identifier et être attentif aux fausses croyances que nous véhiculons dans notre inconscient collectif afin d'éviter qu'elles ne se matérialisent. C'est tout à fait possible !

Sur le plan collectif par exemple, le monde n'est pas un champ de batailles et d'enjeux de pouvoir si nous décidons qu'il n'en va pas ainsi. La lutte permanente et la compétition prennent d'autant plus de force que cette vision subsiste alors que quelques-uns seulement en recueillent les fruits. Sortir de cette croyance me semble tellement essentiel ! Imaginons, ensemble, le monde que nous souhaitons voir naître, plus nous serons nombreux à avoir cette intention désintéressée de justesse et d'équilibre, plus il pourra voir le jour, nous en sentons déjà les prémisses. Accompagnons le mouvement qui est en cours avec la force de notre intention et de notre foi en l'avenir.

Sur le terrain de l'écologie, tout le monde est d'accord pour dire qu'il faut changer nos façons de fonctionner :

diminuer les déchets, développer le recyclage, avoir moins recours au plastique, arrêter peu à peu notre usage des hydrocarbures et autres énergies fossiles, faire des économies sur l'usage de l'eau, privilégier les circuits courts, etc., l'essentiel étant de changer de système, de sortir de la croissance à tout va, de transformer les modes de production, d'imaginer une nouvelle notion de richesse nationale et donc finalement de mode de pensée. Or, qu'observe-t-on ? Même si le paquebot commence à changer de cap, il le fait avec lenteur. Les COP se succèdent et se ressemblent dans leur impuissance, le changement a du mal à s'instaurer. Les scientifiques disent que nous avons dix ans pour effectuer le virage et, jusqu'à présent, il est bien difficile à prendre. Pourquoi ? Parce que nous n'avons pas conscience des freins qui existent dans nos structures cérébrales, dans notre inconscient collectif. C'est un élément fondamental du changement à mettre en œuvre : travailler sur ce qui nous freine pour créer un nouveau récit, une nouvelle façon d'aborder la vie, la relation à l'autre et la relation avec la nature. C'est un tout, l'un ne va pas sans l'autre. Sans ce travail sur nos inconscients, le tournant ne se fait pas et c'est bien normal.

Accuser les dirigeants n'est pas constructif parce que nous devons tous travailler à libérer nos inconscients de certaines croyances – nous comme eux. Le militantisme à outrance juge et condamne et ne permet pas non plus d'avancer ensemble parce qu'il est excessif et non constructif, il exclut. Tant que nous sommes dans la lutte, dans la bataille, ça ne fonctionne pas.

La loi du genre

Tout a son principe masculin (yin) et son principe féminin (yang). Il s'agit de la base même de toute création. Le principe masculin est assimilé à la logique, la structure, tandis que le principe féminin est associé à l'intuition et à la sensibilité. L'équilibre entre ces deux principes est fondamental.

Par conséquent l'équilibre, en chacun, du féminin et du masculin de nos êtres, est un défi majeur à l'heure actuelle. Le féminin a été écrasé pendant des siècles et continue de l'être dans tant de pays. Le manque de féminin dans le monde est criant. Un féminin qui ne soit pas dans le rapport de forces mais dans le lien naturel avec la vie, le cœur, l'intuition, la sensibilité.

Promouvoir les femmes dans nos sociétés et rééquilibrer, dans l'éducation, le rôle du féminin en chacun de nous, homme ou femme, représente l'une des voies pour sortir d'une vision du monde focalisée sur le pouvoir et la domination, l'action. Cela implique également de favoriser la sensibilité au lieu de la considérer comme une faiblesse ; de développer l'intuition qui nous relie naturellement à notre essence ainsi qu'à nos perceptions naturelles ; de mettre l'accent sur le cœur afin que nos institutions soient moins technocratiques et plus humaines. En fait, il s'agit de remettre « l'être » au sein de nos vies et de nos sociétés au lieu de rechercher « l'avoir », « le faire », la productivité, les chemins battus qui ne fonctionnent plus, etc. Il s'agit d'inventer une nouvelle façon d'être au monde dans l'émerveillement de la vie.

C – L'évolution de conscience de l'humanité

Ce que l'on observe et qui pourrait nous aider à évaluer les situations, c'est que, dans notre monde, coexistent des niveaux de conscience différents, tant à l'échelle des individus que des peuples. Ceci permet de comprendre et d'envisager les situations que nous vivons sur un autre registre et sans jugement.

Des niveaux différents selon les parties du monde

L'humanité ne cesse d'évoluer depuis le commencement de la vie sur terre et chaque siècle apporte de nouveaux défis, de nouvelles façons d'envisager la vie, de nouvelles perceptions. La conscience générale a débuté son évolution sur la conception du rôle des femmes dans les sociétés. La tâche est encore immense mais les prémices se font jour, notamment dans la partie occidentale du monde.

De la même façon, du XVe au XVIIe siècle alors que les découvertes géographiques se développent, les individus appartenant aux tribus dites « primitives » étaient considérés comme des sauvages qu'il fallait « civiliser ». Les colonisateurs ont utilisé comme main-d'œuvre ces populations locales qui étaient considérées comme dépourvues d'âmes. Aujourd'hui, ces peuples premiers sont considérés et respectés dans nos régions du monde et, bien entendu, nul ne remet désormais en question le fait qu'ils disposent d'une âme.

Avec l'avènement des Temps modernes (la Renaissance) et la montée du cartésianisme (le rationalisme), les animaux et les végétaux ont été considérés comme des objets sans sentiments, sans âmes et sans émotions. Et pour Francis Bacon[12], il fallait violer la nature pour qu'elle livre tous ses secrets.

Nous en sommes arrivés à la sixième extinction de masse avec cette façon de penser. Pourtant et depuis quelques années, le droit des animaux commence à se construire ainsi que le début d'une législation protectrice des fleuves et des végétaux. Chaque fois, de nouvelles découvertes scientifiques nous conduisent à penser le monde différemment et ce n'est pas un hasard. Chaque fois, de nouvelles conceptions apparaissent allant dans le sens de prises de conscience, d'une meilleure connaissance de notre environnement, qu'il soit infiniment petit ou infiniment grand. Nous avions appris que tout était en concurrence dans la nature, nous réalisons maintenant que l'interaction est permanente et omniprésente, la coopération s'instaure à tous les niveaux, l'un n'empêchant pas l'autre. Tout a une place et une raison d'être et forme un immense corps avec ses respirations, ses rythmes. L'un des plus petits animaux du monde, le plancton, joue un rôle fondamental en favorisant la libération d'une grande partie de l'oxygène (entre 50 et 85 % selon les chiffres) et en emprisonnant le carbone.

12 Francis Bacon (1561-1626) est un philosophe anglais, précurseur de la méthode scientifique qui consiste à acquérir les connaissances par l'expérimentation, le raisonnement et l'observation des événements de la nature.

Mais cette évolution ne se met pas en place de la même façon et au même rythme sur l'ensemble de la planète et c'est bien normal. Nous partons tous avec des histoires, des cultures, des traditions, des rites différents qui influencent largement notre évolution et nos perceptions. Et c'est bien cela, l'objet de mon livre. Nous évoluerons d'autant plus que nous nous permettrons de remettre en question certaines croyances reçues de manière inconsciente. Mais nous évoluerons également, d'autant mieux que nous accepterons de considérer, sans les juger, que des niveaux différents de conscience sont à l'œuvre en même temps dans le monde. Évoluer implique d'accepter ces spécificités sans s'y opposer mais en cherchant plutôt à les comprendre afin de savoir comment interagir avec elles. C'est, là aussi, un continuum. Mais, en même temps, considérer que l'évolution des consciences est à l'œuvre et que chacun des peuples peut sortir de son inconscience, à son rythme, pour participer de ce mouvement d'ensemble, librement, change la donne. En cela réside notre puissance et notre liberté fondamentale à titre individuel bien entendu mais aussi à titre collectif.

L'âme des peuples

Et si les peuples disposaient, eux aussi, d'une âme, sorte de conscience qui se manifeste, notamment dans leurs spécificités culturelles, mais aussi leur Soi, c'est-à-dire les plus belles qualités attribuées à un peuple donné, influencé par les éléments tant géographiques que climatiques de l'endroit où il réside ? Lorsqu'un peuple est en phase avec son Soi, il apporte aux autres ses talents spécifiques, en lien avec cette conscience fondamentale qui nous irrigue tous. La mondialisation, l'accélération du développement technologique, le renforcement de l'économie de marché avec la notion de profit capitalistique, la notion de progrès avec son corollaire, la complexification des procédures, de la vie même ont dévitalisé les âmes des peuples. Le repli sur soi afin de retrouver son identité en est l'une des conséquences. Ce besoin de se retrouver, de savoir ce qui fait sa spécificité, est à la fois nécessaire et excessif. Il nous enferme dans une vision individualiste de la vie et du monde. Il renforce cette notion d'appartenance et de chacun pour soi qui ne fonctionne pas puisqu'elle nie les liens existant entre pays.

Prenons l'Europe. Entrée dans une phase de dépression depuis quelques années, elle s'est perdue et traverse une crise profonde, de ses institutions autant que de son mode de fonctionnement. Elle ne sait plus qui elle est. Elle est désunie et rien ne semble plus difficile que de parvenir à un accord commun. Chacun des pays semble tirer la couverture à lui et les notions de « vision commune » et de « bien commun » semblent à bout de souffle. L'arrivée du président Trump secoue les lignes. Il considère que le système international ne fonctionne pas et sort du multilatéralisme. Il considère que le système européen est en crise et est inefficace, idem pour les démocraties. Et il a en un sens raison sur le constat. Les États-Unis nous poussent à changer, à nous ressaisir, à aller de l'avant autrement en resserrant les liens entre nous, européens. À travers sa façon invraisemblable d'agir et de voir le monde, Trump nous donne cette opportunité. Allons-nous la saisir? Lui tenir tête et ne pas tomber sous son diktat? Le chaos dans lequel nous sommes entrés nous pousse à évoluer. Nous n'avons jamais eu autant besoin de constituer un bloc européen digne de ce nom. Nous formons une puissance de premier plan dans le monde[13], si seulement nous en prenions conscience! Qu'est-ce que cela voudrait dire sur le plan européen aujourd'hui? Peut-être – et avant tout – il s'agirait de retrouver la conscience européenne, de redonner du sens à l'Union, ce sens auquel les jeunes sont tellement attachés! Pourquoi sommes-nous ensemble? Qu'est-ce qui nous relie et nous unit? Qu'avons-nous en commun que les autres n'ont pas? Vers quoi souhaitons-nous aller? Au lieu de poursuivre un élargissement qui, chaque fois, affaiblit et dilue notre unité tout en renforçant les cadres de la technocratie froide, une vraie réflexion devrait être menée, associant les jeunes générations, afin de savoir quelle est la société que nous souhaitons construire demain? Quelles sont les valeurs communes sur lesquelles nous souhaitons nous appuyer pour ce faire? Comment transformer les institutions afin de leur redonner de l'efficacité et sortir, peut-être de la sacro-sainte règle du vote à l'unanimité mais aussi de ces réglementations à tout va qui tuent et asphyxient l'initiative? Comment redonner du cœur et de l'humanité à une «vieille dame» qui, à force de règlementations et de contraintes, semble s'être perdue?

Cela impliquerait, je crois, d'accepter notre spécificité, notamment cette conscience européenne qui nous

13 Population de 370 millions d'habitants, 1er PIB mondial devant les États-Unis avec 16 900 milliards d'euros en 2024, l'Europe est la troisième puissance mondiale.

caractérise en même temps que nos racines spirituelles. Où est notre sens critique qui nous vient du siècle des Lumières et qui nous manque tant ? La capacité à prendre de la distance, à avoir une certaine hauteur de vue, un regard sur les évènements en faisant un retour sur nous-mêmes et notre conscience. Celà constitue une certaine façon d'être au monde, de voir la vie, de mettre l'homme au centre de tout.

Qu'est-ce qui dysfonctionne aujourd'hui ? L'émiettement, la fragmentation, le manque de cohérence, le rôle outrancier d'un Surmoi européen devenu intransigeant et tout-puissant ; une organisation devenue technocratique et qui n'entend et n'écoute plus les peuples ; des dirigeants cherchant à exister pour eux-mêmes et non à travers un dessin commun ; des éléments identitaires et des replis des peuples qui sont les symptômes d'un mal-être grandissant qui n'est observé qu'à travers des jugements et des critiques mais jamais dans la compréhension de ce qu'il exprime, c'est-à-dire la peur de se perdre dans les évolutions en cours que les peuples ne maitrisent pas, et la remise en question d'une institution jugée inefficace.

À l'inverse, qu'apportent les différents pays lorsqu'ils sont en phase avec eux-mêmes ? La France s'est fragmentée et doute d'elle-même or elle donnait la vision à l'Europe. Elle est également porteuse de l'universalisme dont nous avons tant besoin aujourd'hui. La relation franco-allemande est en berne alors que nous aurions tant besoin qu'elle se renouvelle, tout en l'élargissant aux autres pays qui donnent l'impulsion au reste de l'Europe.

Le Royaume-Uni a quitté cette instance et son empirisme, sa capacité à tenir ensemble l'autorité et la liberté, sa célèbre ténacité, nous seraient bien utiles à l'heure actuelle. L'Italie a du mal à retrouver ce qui faisait l'une de ses forces : être le laboratoire à idées de l'Europe. L'Allemagne est reconnue pour sa capacité de conciliation et d'organisation. Lorsqu'elle est en phase avec elle-même, elle cimente et fait avancer les projets européens, qu'en est-il aujourd'hui ? Et ainsi de suite.

Revenir à l'âme de nos peuples, à ce qui faisait leur force et leur beauté, serait l'un des moyens de retrouver une cohérence et une plus grande unité. Les problématiques deviennent de plus en plus complexes et abstraites et la technicité européenne devient telle qu'elle prend le pas sur l'essence de l'Union, sa raison d'être. Les spécialistes sont foison comme les lobbyistes et les intérêts sont au centre du dispositif désormais. La vision d'ensemble devient laborieuse, voire impossible. Tout est à reconsidérer pour se rapprocher à la fois, de notre essence commune mais aussi de nos spécificités particulières et de leur reconnaissance.

Il en va de même de l'ensemble des pays dans le monde. Chacun apporte quelque chose d'essentiel à reconnaitre : la Chine, la vision de l'équilibre avec la notion des paires d'opposés et le temps long, les États-Unis, leur audace et leur optimisme, la foi en eux et en l'avenir. Si chacun des pays allait vers le meilleur de lui-même, sa contribution à l'équilibre du monde serait fantastique. Si et seulement si, chacun envisageait sa participation au Tout en sortant de ses besoins propres qui semblent s'opposer à ceux des autres.

Conclusion

Victor Hugo écrivait : « Un jour, espérons-le, tous les points de la demeure humaine seront éclairés et alors sera accompli le magnifique rêve de l'intelligence : Avoir pour patrie le monde et pour nation l'humanité[1]. » C'est bien de cela dont il s'agit. Edgar Morin évoque, quant à lui, la notion de Terre-Patrie[2]. Nous sommes tous partie prenante de cette planète Terre qui est notre patrie. Chacun de nous est relié à cette terre et en a besoin pour vivre. La prise de conscience de cette communauté de destin terrestre pourrait être l'évènement de la fin du millénaire, alors même que notre survie risque d'être en jeu. Peut-être que, comme pour un individu, en dépassant, peu à peu, la notion d'identité, chacun des pays, sachant qui il est, pourrait accepter cette universalité et sa participation à cette dernière ? Passer de l'identité

1 Victor Hugo, *Les Burgraves*, éd. J. Hetzel, 1843.

2 Voir notamment l'ouvrage collectif : *L'avenir de Terre-Patrie – Cheminer avec Edgar Morin*, sous la direction d'Alfredo Pena Vega, Domaine du Possible, Actes Sud, 2021.

à l'universalité; du Moi au Soi; de la séparation à l'unité parce qu'elle est déjà là et que nous l'avons oublié; en tenir compte dans les relations entre États en considérant l'impact de chacune des actions entreprises par un pays, sur le reste du monde, etc. Nos croyances limitantes tant individuelles que collectives ont un impact sur l'ensemble de la planète. En cela, le lien entre individu et collectif permet de décrypter autrement ce qui est en jeu dans les relations internationales et observer ce dont elles sont le révélateur. L'une des croyances la plus répandue concerne la compétition, le manque. Être un État fort et dominateur pour survivre, devoir écraser pour ne pas être écrasé, être en compétition permanente pour être le meilleur donc le plus fort… Tant que nous perpétuons cette perception de la vie et du monde, nous perpétuons également les situations qui en résultent.

Nous ne pouvons pas changer le monde et nous avons tous la possibilité de le faire évoluer. Cela ne dépend d'aucun dirigeant, aussi intelligent soit-il; d'aucune politique, aussi excellente soit-elle. Cela dépend de chacun de nous, là où nous sommes, dans nos environnements spécifiques, nos pays. Cela dépend de notre état d'esprit, de la façon dont nous allons aimer la vie et le vivant, du chemin que nous allons accepter de parcourir vers cette unité intérieure, de la libération de nos fausses croyances. En fait, tout va dépendre de notre façon d'être au monde, de la vision que nous en avons et que nous souhaitons en avoir demain. Qu'est-ce que la vie? Quel sens a-t-elle? «Sur tout ce qui est vraiment vivant plane le souffle de l'éternité», écrivait Carl Gustav Jung.

Parce que le temps lui-même est relatif comme Einstein nous l'a appris, le passé n'existe pas, le futur non plus, seul le présent demeure.

« Les prévisions sont difficiles, surtout lorsqu'elles concernent l'avenir », disait Pierre Dac. Ce que l'on nous présente de notre futur est sombre et peu enthousiasmant. Mais rien n'est définitif et chacun de nous a une influence sur l'orientation des évènements. « Tout est un et tout est conscience » implique que chacun de nous, comme chacun des pays, a une place unique et spécifique dans le Tout, mais aussi un impact permanent sur lui.

Considérer l'autre comme une partie de soi favorise l'évolution tant individuelle que collective. Apprendre à le regarder avec respect, chercher à le comprendre, lui permettre d'exister dans sa différence, mais aussi dans ce qu'il me montre de moi-même à travers ses réactions et ses comportements, me permet de prendre conscience d'éléments de moi-même que je ne veux pas voir. Tout est intriqué. Cela sous-entend que lorsque l'un de nous se met en mouvement pour faire ce travail sur ses croyances et aller, peu à peu, à la rencontre de son être intérieur, la paix et l'unité qu'il aura touchées du doigt auront un impact important sur son entourage et, de cercle en cercle, sur son pays et, de proche en proche, sur l'humanité.

Un nouveau monde commence à peine – et avec peine – à émerger. Des projets nouveaux et des façons de vivre différentes apparaissent, portés, notamment, par les jeunes générations. Elles ont une envie de vivre et d'être au monde différente. La vie nous attend, avec impatience, et nous demande de lâcher la survie et ses fonctionnements automatiques de peur de l'autre, d'insécurité permanente, de combat indéfini. Avec un peu de Foi et d'Amour, d'espérance, de confiance et de détermination, tout est possible.

Encore faut-il accepter d'y croire, voir le monde comme un Tout, prendre conscience des peuples aux histoires différentes, pour se rassembler et emprunter ce chemin vers l'universalité.

L'unité est à portée de main si l'on accepte d'ouvrir son cœur...

Table des matières

Prologue **13**

Introduction **19**

1. Inconscient collectif et unité intérieure, de quoi parle-t-on ? **27**

A – Qu'est-ce que l'inconscient collectif ? **29**
B – L'expérience de l'unité intérieure **32**
L 'expérience de la présence intérieure **33**
Partant de cette présence à soi-même, le lien à l'autre **37**
Le lien au vivant **37**

2. Les fausses croyances qui voilent notre unité intérieure **39**

A – « La vie est une bataille. Il faut se battre pour survivre » **41**
Changer de regard sur la vie pour en voir la beauté et s'en émerveiller **42**
B – « L'homme est un loup pour l'homme » **43**

C – La sensation de solitude et de vide intérieur 47
D – « Pour survivre, je dois me battre, être fort, dominer » 48
Sortir de l'égo individuel et collectif 49
Reconnaitre et accueillir notre lumière, apprendre à nous aimer 54
E – « Pour survivre, je dois être dans le contrôle, donc dans le mental » 55
Sortir de la toute-puissance du mental pour revenir au corps 55
F – « Pour réussir, les femmes doivent devenir fortes comme les hommes » 60
Redonner sa place au féminin véritable 60
G – « Nous sommes victimes de la vie et des autres » 63
Sortir du triangle de Karpman « Sauveur, victime, persécuteur » 64
Dépasser la notion de victime pour se réapproprier nos vies 68
H – « Pour être en sécurité dans la vie, je dois accumuler de l'argent et des biens matériels » 70
La peur du manque 71
Favoriser la gratitude plutôt que le jugement 73
Dépasser nos peurs 74

3. Les conséquences de ces fausses croyances sur le plan collectif 77

A – Sommes-nous davantage en situation d'insécurité que par le passé ? 80
D'où vient le sentiment d'insécurité ? 80

L'insécurité a-t-elle augmenté dans le monde ? **81**
Une recrudescence des conflits armés et de leur intensité **85**
Le sentiment d'insécurité ne cesse d'augmenter **88**
La diminution de la confiance, en soi, en l'autre, en la vie **90**
Le recours aux « hommes providentiels » **95**
B – Conséquences des fausses croyances dans les relations internationales **97**
Le besoin de domination, le retour des égos collectifs, le nationalisme exacerbé **98**
La tentation de restaurer les « empires », la toute-puissance **100**
Sur le plan collectif, le mental devient omniprésent **101**
Nous sommes victimes, de la vie, des autres **102**
Amasser pour être en sécurité **103**
Le manque de féminin et ses conséquences **103**

4. Illustration à travers l'analyse de quelques pays 103

A – « L'Empire russe » de Poutine, ou la loi du plus fort **105**
Fausse croyance : « Soit je domine, soit je suis dominé », « mon pays est un grand pays et doit dominer ». **105**
B – La Chine : Revenir à l'Empire chinois et prendre la place de l'Occident dans la domination du monde **117**
Fausse croyance : « Pour assurer ma sécurité, je dois dominer le monde » **117**

C – La Turquie ou la volonté de retrouver son ancienne puissance **124**
Fausse croyance: Rétablir l'Empire ottoman pour essuyer les humiliations du XXe siècle **124**
D – Les États-Unis: le rôle messianique, le besoin de rester le meilleur et le plus fort **126**
Fausse croyance: «Supérieur aux autres, je n'ai pas besoin d'eux» **126**
E – Israël – Palestine: le triangle de Karpman ou la recherche de la sécurité à tout prix **129**
Fausse croyance: la perception du rôle de victime et ses conséquences **129**

5. Quelles pourraient être les pistes pour éviter ces retours de scénarios? 135

A – Le travail à faire sur les mémoires **137**
En Russie **141**
Dans les pays de l'Est **142**
Aux États-Unis **144**
En Chine **145**
B – Sortir de la compétition et promouvoir la coopération **146**
Ne pas entrer dans la peur **150**
Observer la manipulation et les sentiments négatifs avec distance **152**
Sortir de la notion de victime et d'humiliation **153**
Sortir du nationalisme exacerbé **156**
Développer l'écoute et le respect **158**

Inclure le cœur et relativiser la toute-puissance de l'esprit **159**
Se libérer du jugement **160**

6. Concevoir les relations internationales comme un tout 163

A – Tout est Un et tout est conscience, nous ne sommes pas séparés **166**
B – Les lois universelles utiles pour appréhender autrement les relations internationales **174**
La loi de cause à effet **175**
La loi de l'attraction **177**
La loi de la polarité **184**
La loi du rythme **185**
La loi de la croyance **189**
La loi du genre **191**
C – L'évolution de conscience de l'humanité **192**
Des niveaux différents selon les parties du monde **192**
L'âme des peuples **194**

Conclusion 199

Table des matières 203

Papiers utilisés :
ARENA ROUGH natural, certifié FSC® mix, composé de pâte ECF,
Surface brute, ECF (elementary chlorine free)
Nautilus Classic blanc FSC® Recycled 100 %, Ange Bleu,
écolabel européen, PSC (procédé sans chlore)

Imprimeur : Corlet Imprimeur
N° d'impression : 25100452
Achevé d'imprimer en novembre 2025
Dépôt légal : novembre 2025

EDISENS
RCS Paris 824 063 044

ediSens / Cedif – Pollen
Novembre 2025